IMAGO

WERNER ROSS
TONI SCHNEIDERS

EUROPÆ

GESCHICHTE UND KULTUR
DES ABENDLANDES

MIT 216 FARBBILDERN

HERDER FREIBURG · BASEL · WIEN

Alle Rechte vorbehalten – Gedruckt in Deutschland
© Verlag Herder KG Freiburg im Breisgau 1976
Freiburger Graphische Betriebe 1976
ISBN 3-451-17348-4

INHALT

EUROPA GAB ES NICHT – ES MUSSTE ERFUNDEN WERDEN 9
Europa als Widerspruch

DER ERSTE SEEKONTINENT 11
Ägäische Kultur – Navigare necesse est – Der Raub der Europa – Das Labyrinth
und die Sonnenfinsternis

    Bildteil: Griechenland – Rom – Byzanz 17–40

DIE KAISER VON EUROPA 41
Religio – Morgenland und Abendland – Der Kaiser und die Kaiser – Diesmal:
Abendland und Morgenland – Karl, Vater des Abendlandes

    Bildteil: Das Werden des Abendlandes 49–68

ITALIEN: KAISER, PAPST UND SOUVERÄNE STÄDTE 69
Was war eigentlich das Mittelalter? – Kreuzzüge und Seestädte – Die Stadt als neuer
Lebensraum – Die Stadt der Medici – Macht, Machiavelli und Michelangelo –
Barocke Gegenwelt

    Bildteil: Italienische Städte 77–92

FRANKREICH: GLOIRE UND RAISON 93
Ketzer und Kathedralen – Das absolute Königtum und die absolute Vernunft –
‚Allons, enfants de la patrie'

    Bildteil: Frankreich: Paris und die Provinz 101–132

ENGLAND: SCHIFF ZWISCHEN HAFEN UND HOHER SEE 133
Die leichte Beute – Königin Elisabeth und König William – Empire und Empirie –
England und Europa

    Bildteil: England – Spanien – Portugal 141–176

SPANIEN: FESTUNG IM WESTEN EUROPAS 177
Karthager und Römer – Mauren und Christen – Der heilige Jakob und Sankt Ignatius –
Gold, Silber, Untergang und Hoffnung

Bildteil: Deutschland 185–200

DEUTSCHLAND UND SEINE NACHBARLÄNDER: DAS SCHICKSAL DER MITTE 201
Glanz und Elend des Reiches – Zwischen Wittenberg und Weimar – Die katholische
Gegentradition – Die republikanische Gegentradition

Bildteil: Niederlande – Belgien – Schweiz 209–232

DIE NIEDERLANDE UND DER NORDEN: HELDENEPOS UND IDYLLE 233
Der Glanz von Burgund – Das große Jahrhundert der Niederlande – Kein Lebensabend –
Normannenzüge – Nordische Großreiche – Wohlstand und Gespenster

Bildteil: Norwegen – Schweden – Dänemark 241–264

OST- UND SÜDOSTEUROPA: DAS LETZTE IMPERIUM 265
Byzantinisches – Normannen und Slaven – Der Khan und der Zar – Wendung zum
Westen – Die Großmacht wird zur Weltmacht

NACHWORT: EIN ABSCHIED 272

Bildteil: Die Länder im Osten Europas 273–288

Bildregister 289

Es gibt kein Vergangenes, das man zurücksehnen dürfte, es gibt nur ein ewig Neues, das sich aus den erweiterten Elementen des Vergangenen gestaltet ...

JOHANN WOLFGANG VON GOETHE zum Kanzler von Müller,
am 4. November 1823

Europa ist ein Kranker, der seiner Unheilbarkeit und ewigen Verwandlung seines Leidens den höchsten Dank schuldig ist: diese beständigen neuen Lagen, diese ebenso beständigen neuen Gefahren, Schmerzen und Auskunftsmittel haben zuletzt eine intellektuelle Reizbarkeit erzeugt, welche beinah so viel als Genie, und jedenfalls die Mutter alles Genies ist.

FRIEDRICH NIETZSCHE, Die fröhliche Wissenschaft

Untergehen können wir alle; ich aber will mir wenigstens das Interesse aussuchen, für welches ich untergehen soll, nämlich die Bildung Alteuropas.

JACOB BURCKHARDT an Hermann Schauenberg,
5. März 1846

Wenn man also zusehen muß, wie Europa stirbt, so laßt uns zusehen: so etwas passiert nicht alle Tage.

CHARLES DE GAULLE

Die Völker Europas sind verschieden nach Herkunft und Bildung, nach Sprache und Lebensweise. Sie haben den größeren Teil ihrer Geschichte damit zugebracht, ihre Lebensmöglichkeiten dadurch zu sichern, daß sie den anderen deren Lebensmöglichkeiten und häufig genug das Leben selbst verweigerten. Heute wissen wir, daß es Lebensmöglichkeiten in Europa nur noch gibt, wenn wir zusammenarbeiten.

RALF DAHRENDORF

Die anderen Erdteile warten auf Europas Versöhnung und Auferstehung, um sich anzuschließen und Mitbürger des Himmelreichs zu werden.

NOVALIS, Die Christenheit oder Europa

EUROPA GAB ES NICHT – ES MUSSTE ERFUNDEN WERDEN

Europa – das zeigt der erste Blick auf die Landkarte – existiert als Erdteil nicht. „Erdteil, Kontinent", sagt das Lexikon, „zusammenhängende Festlandmasse, von Ozeanen umschlossen." So Afrika, das nur wie an einem Faden an der gewaltigen Schwester Asia hängt, so Amerika Nord und Süd, die nur eine lockere Girlande, eine schwankende Brücke miteinander verbindet.
Europa hingegen *hängt* nicht am asiatischen Kontinent, sondern ist ein Teil davon, ein reichgegliederter mag sein, ein barockes Gebilde, ein kecker Schnörkel, aber eben doch kein Erd-Teil, sondern übergehend aus dem einen ins andere, aus den gleichen Knochen und dem gleichen Fleisch. Die Geographen tragen dem Rechnung, sprechen von der Kontinentalmasse *Eurasien*. Nicht einmal ein ordentliches Gebirge trennt die sibirischen Ebenen Asiens von den europäischen Rußlands. Soll man wirklich noch den Ural ernst nehmen – diesen Höhenzug, der auf der Karte nur als blasse Raupe vermerkt ist? Auch jetzt noch ernst nehmen – wo Sibirien keine Kolonie mehr ist, kein fernes Siedlerland, kein Zuchthaus und Arbeitslager mehr, sondern in Irkutsk und Omsk von den gleichen Sowjetmenschen bewohnt wie Moskau und Leningrad, Kiew und Odessa? Was die Russen da unter weißen und roten Zaren in Gang gebracht haben, ist nichts als die Besetzung und Besiedlung des ganzen Kontinents, von Westen nach Osten, spiegelbildlich zur Erschließung Amerikas im 19. Jahrhundert von Osten nach Westen, bis der Pazifik erreicht war.

EUROPA ALS WIDERSPRUCH

Rechnet man der Kontinentmacht Sowjetunion noch die westliche Einflußsphäre von Finnland bis Bulgarien zu, so umfaßt sie 24 Millionen Quadratkilometer, gegen einen Rest, der es zusammen, von Norwegen bis Malta, auf $3\,^1/_4$ Millionen Quadratkilometer bringt. Dieser Rest nennt sich heute ausdrücklich Europa und setzt sich damit von der gewaltigen Kontinentalmasse ab, die es ihrerseits auf sich beruhen läßt, ob sie mehr asiatisch oder europäisch sei (immerhin umfaßt der asiatische Teil der Sowjetunion das Dreifache ihres europäischen Bestandes), und der es genügt, den Weltanspruch des ‚proletarischen Internationalismus' zu erheben. Nur die Chinesen, Asiaten eindeutig und zweifelsfrei, stellen es darauf ab, den Sowjets ihre weiße Haut, ihr Auch-Europäertum vorzuhalten und sie der alten europäischen Sünde, des imperialen Ausdehnungsdranges, zu verdächtigen. In der Tat, wer würde, alten geopolitischen Regeln vertrauend, an der Logik zweifeln, die den Sowjets empfiehlt, auch im Westen den Ozean zu suchen, die Sicherheit der Meeresgrenze, und den Kontinent so sauber auszufüllen, wie es die USA in ihrem Erdteil vorgemacht haben?
Genau dies ist der Punkt, uns zu erinnern, daß Europa alles andere als ein Erdteil, als eine Ausdehnung im Raum – sondern nur eine Selbstdefinition ist, eine trotzige oder heroische oder herausfordernde Abgrenzung gegen den Kontinent, zu dem es gehört, gegen Asien. Europa ist kein Beweis, der wäre schwer zu führen, sondern eine Behauptung, eine Selbst-Behauptung, hier steh' ich und kann nicht anders, Absage und Widerstand. Seine Selbsterhöhung zum Kontinent ist nur politisch zu verstehen. Sie hat ihre Parallele in all den Aufständen und Loslösungen, durch die sich Provinzen zu Län-

dern, Fürstentümer zu Königreichen, Städte zu Staaten erhoben. Das Selbstbewußtsein Europas hat den geographischen Tatbestand Eurasien ausgestrichen, die Definition des Kontinents außer Kraft gesetzt. Würde Europa als selbständiger politischer Willensträger zerstört, so gäbe es nicht mehr den mindesten Grund, von einem Erdteil gleichen Namens zu sprechen. Es wäre tot, weil es seinen Daseinsgrund aufgegeben hätte: den Widerspruch.

Odysseus und die Sirenen, vom Stamnos des Sirenenmalers; um 475 v. Chr.

DER ERSTE SEEKONTINENT

Die Geschichte Europas bestätigt, was die Geographie lehrt: Europa ist als Widerspruch, als das andere, geboren worden. Es lohnt sich bei unserem Rund- und Rückblick nicht, zu tief in die Vorgeschichte zu steigen. Erste Menschensiedlungen in Höhlen und Klüften verraten nicht viel, auch wenn Wände bemalt, Faustkeile zugeschliffen, Begräbnisriten vollzogen wurden. Uns interessieren erst die frühesten Stadt- und Reichsgründungen, die ersten Imperien: Ägypten, Assur, Babylon, Persien, Indien, China. Die Archäologen haben auch bei ihnen die Daten der Historiker zurückgeschoben: von 3000 oder 4000 vor Christus bis 7000 oder 8000 – gewaltige Zeiträume angesichts der mageren zweitausend Jahre unserer Zeitrechnung, und zugleich beeindruckend durch die Schneckenlangsamkeit, mit der damals der Zeiger der Geschichte vorrückte.

Die für uns wichtigsten dieser Reiche umfaßten das heutige Ägypten, Palästina, Syrien, Kleinasien, Mesopotamien, Iran, also jenen Bereich, der heute als „Naher Osten" zusammengefaßt wird. Der Blick auf die Landkarte zeigt, daß es wenig tunlich wäre, da ‚afrikanisch' und ‚asiatisch' zu unterscheiden. So deutlich sich die Menschen- und Kulturtypen Ägyptens und etwa Babyloniens gegeneinander absetzen, so ausgeprägt war das machtpolitische Interesse, das allen gemeinsam war: die Lust, sich der östlichen Mittelmeerküste zu bemächtigen. Sie wurde der Zankapfel zwischen Ost und West, zwischen Nord und Süd, und eben die Tatsache, daß alle sich um sie stritten, erlaubte schließlich die Bildung kleiner eigenwilliger Staaten, wie eines gewissen Israel, und den Aufstieg mächtiger selbständiger Städte, wie jenes Tyrus, das die Hauptstadt der seefahrenden und handeltreibenden Phoiniker wurde.

Um es vereinfacht auszudrücken: der ‚Kontinent', der Zusammenhang, der so etwas wie eine Einheit zu bilden erlaubte, war keine Land-, sondern eine Wassermasse: das östliche Mittelmeerbecken. Unaufhaltsam rückten die Hauptstädte der Reiche an dieses Meer heran. Hießen sie in den alten Zeiten Memphis und Theben, Babylon und Ninive, Binnenstädte weit weg von allen Meeren, so traten später Alexandria und Antiochia, Ephesos und Byzanz an ihre Stelle. Häfen blühten auf und welkten, auf Kreta, auf Rhodos, auf Zypern und an der Westküste Kleinasiens, und indem nun die Küsten wichtiger wurden als die Länder, traten auch Griechenland und Süditalien in die Geschichte ein.

Neue Völker spielten mit, seitdem das Meer ein wichtiger Geschichtsschauplatz war, seitdem Flotten zu mächtigen Konkurrenten der Armeen aufrückten. Mit diesen neuen Völkern hängt es zusammen, daß die Anliegerländer des östlichen Mittelmeerbeckens allmählich stärker auseinandertraten und daß sich am Ende drei getrennte Welten entwickelten: *Morgenland, Abendland* und das schwarze Südland, *Afrika*. Das Neue dieser Gründervölker war, daß sie zur See fuhren, daß der neue Kontinent, das Wasser, ihnen gehörte. Wir Abendländer, inzwischen nicht nur in Indien, Amerika, Fernasien, Australien, sondern sogar auf dem Mond gelandet, können uns schlechterdings nicht mehr vorstellen, was für eine großartige, ja überwältigende Erfindung das seetüchtige Schiff war, das sich durch Wogenprall und untergangdrohenden Sturm von einer Küste zur anderen wagte, mit den Inseln der Ägäis als Zwischenstation. Diese Völker fuhren nicht nebenbei zu Schiff, sondern waren – wie die Ägypter sie nannten – ‚Seevölker', und sie holten entdeckend immer neue Küsten heran: das nahe Kreta zuerst, dann die Ostküste der Peloponnes und Attika, die nördlichen Inseln, die Buchten Kleinasiens, zuletzt das Schwarze Meer, das Jonische und das Tyrrhenische.

Die seefahrenden Völker oder Stämme hatten viele Namen, und der uns heute so geläufige der Griechen ebenso wie der im Altertum gebräuchlichere der Hellenen taucht relativ spät auf, später noch als der Eintritt des griechischen Festlandes in die Geschichte. Gerade das Seefahrervolk, das längst vor allen ‚griechischen' Wanderungen und Besitznahmen um 1700 v. Chr. auf der Insel Kreta seine Städte und Reiche begründete, verblüfft, weil es sich weder in unsere landläufige Vorstellung von Ägyptern und Orientalen noch in unser Griechenbild einordnen läßt. Es wird nach dem sagenhaften König Minos, der von Knossos aus über die Insel herrschte, die Minoer genannt, aber das ist eine ebensolche Verlegenheitslösung, als ob man die Franzosen Napoleoner oder die Preußen Friederiker nennen würde, nur weil der richtige Name verlorengegangen wäre.

Wir wissen, daß die Minoer über eine mächtige Flotte verfügten, so mächtig jedenfalls, daß sie sich erlauben konnten, ihre Paläste ohne Befestigungen anzulegen. Sie kamen ohne Mauern und Milizen aus, waren reich und trieben es bunt. Ihre extravaganten Damenmoden mit Puffärmeln, langem Glockenrock und Busenausschnitt, ihre Rokokoeleganz, ihre sportlichen Stierkampfvergnügungen lassen sich mit nichts Gleichzeitigem auf einen Nenner bringen. Woher kamen sie? Aus Kleinasien, wie später die ebenso rätselhaften Etrusker? Von der östlichen Mittelmeerküste, wie ihre späteren Seefahrer-Rivalen, die Phoiniker? Sie sind ‚ausgestorben'; ganz selten stößt man in Kreta noch einmal auf ihr unverkennbares Profil. Das Meer, auf dem sie so zu Hause waren, zerstörte nach dem Ausbruch des Vulkans der Insel Santorin mit gewaltigen Flutwellen ihre Städte und Paläste und schmetterte ihre Schiffe gegen Felsen und Klippen.

ÄGÄISCHE KULTUR

Kreta rechnet heute zu Europa; die Römer haben es noch mit Libyen zu einer Provinz, einer afrikanischen, verbunden. Von Kreta aus griff die hochentwickelte Zivilisation des Ostens auf das griechische Festland über. Da entstand eine neue Stadt, diesmal schwer bewehrt, soldatisch, kriegerisch: Mykene. Und von diesem neuen Zentrum, dem ersten auf europäischem Festlandboden, gingen wieder Eroberungszüge aus, und wieder zu Schiff, wie viele Jahrhunderte später bei den Wikingern, die auch Krieger waren, aber gleichzeitig und vor allem Schiffsbauer und Seefahrer.

Wieder ist die neue Kultur, die nun entsteht, nicht kontinental, sondern maritim: sie heißt nach einem Meer die ägäische. Unser Geschichtsunterricht hat uns daran gewöhnt, als Griechen vor allem kriegerische Einwanderer zu sehen, die in vielen Wellen von Norden kamen, über Thrakien und Thessalien nach Süden marschierten und Herrschaft aufrichteten, Indogermanen, stolz und hochgewachsen, und ganz ohne Zweifel ist vieles Griechische – von der Sprache bis zur Verfassung – von diesen nordischen Eindringlingen mitgebracht worden. Ebenso sicher ist aber, daß die Einwanderer bald ‚mittelmeerisch' wurden, denn der neue Raum diktierte eine neue Lebensweise, er entwickelte seine eigene Schwerkraft, er ließ die Griechen eine Form der Ausdehnung finden, die an Schiff, Meer, Hafen gebunden war: die Gründung von Tochterstädten, von Kolonien – von der Krim bis Südfrankreich, von Ägypten bis Sizilien. Vor allem machte er aus dem Ägäischen Meer ein griechisches: das Panhellenentum, die große kulturelle Einheit, die durch gemeinsame Sprache bekundet war, fragte nicht, ob Europa oder Asien: Ephesos und Milet gehörten ebenso selbstverständlich dazu wie Athen, Argos oder Sparta.

Erst unser Jahrhundert hat diesen Lebens-Kontinent Ägäis zertrümmert: als die republikanischen Türken, woran vorher kein Sultan gedacht hatte, die kleinasiatischen Griechen vertrieben. Der Kampf um Zypern ist der letzte Akt in diesem Drama. Die Ironie der Geschichte aber will, daß die neue Türkei, der Restbestand eines gewaltigen asiatisch-afrikanischen Reiches, mit ihrem Schwerpunkt Klein-Asien durchaus zu Europa gehören möchte.

NAVIGARE NECESSE EST

Noch einmal ein Wort über Seefahrt. Die Griechen hätten das Wort erfinden können, daß man zwar aufs Leben verzichten kann, nicht aber auf das Fahren zur See. Die Weltliteratur, wenn man das große Wort wagen will, beginnt bei den Griechen mit zwei Schiffsunternehmungen: der großen Expedition des Mykene-Königs Agamemnon und seiner Verbündeten hinüber ins Asiatische, zur Stadt Troja, und der abenteuerreichen Heimfahrt eines der Trojakrieger, des Odysseus, zur Insel Ithaka. Einer der für uns langweiligsten Gesänge der ‚Ilias', des homerischen Epos von der Eroberung Trojas, ist mit einer unendlichen Aufzählung gefüllt – einem Schiffskatalog. Das muß für die Zuhörer von damals eine Delikatesse gewesen sein. Und noch eine letzte Erinnerung: Die heutigen Griechen haben keine großen Philosophen mehr, keine Bildhauer wie Praxiteles und keine Redner wie Demosthenes, aber sie haben immer noch große Reeder. Als Dante mehr als zweitausend Jahre später in der ‚Göttlichen Komödie' sich des Helden Odysseus erinnerte, da dichtete er noch eine Episode hinzu: den Heimkehrer habe es nicht bei Weib und Kind gelitten, er sei wieder aufgebrochen, diesmal nach Westen, sei über die Grenzen der bekannten Welt hinaus vorgestoßen, aber dann im Ozean gescheitert und verschollen.

So ließ Dante den Odysseus sprechen, und was er sagt, könnte ein europäisches Glaubensbekenntnis heißen:

> und „Brüder!" sprach ich, „die durch hunderttausend
> Gefahren nach dem Westen seid gelangt,
> entziehet nicht dem kurzen Lebensabend,
> der uns noch bleibt, den Anblick, die Erfahrung
> der unbewohnten Welt dort nach der Sonne!
> Bedenkt, wes hohen Samens Kind ihr seid
> und nicht gemacht, um wie das Vieh zu leben!
> Seid tüchtig-unverzagt und nach Erkennen strebend!"

Ein Erbe der Griechen ist Neugier, Wißbegier, Erkenntnisdurst als Prinzip. Was auch immer sich beimischen mag: Hoffnung auf Schätze oder auf Seelen, Abenteuerlust, Ungenügen, dieser Trieb – Erfahren-Wollen, wie es drüben aussieht – hat die Griechen beflügelt, bis Island, zur Ultima Thule, vorzudringen, ermutigte die Europäer, und nur sie, die Fahrt ins Unbekannte zu wagen. Bemerkenswert: Niemals ist vorher ein indisches Schiff, ein chinesisches, ein japanisches, ein indianisches an einer europäischen Küste gelandet!

DER RAUB DER EUROPA

Wenn man die Einheit der ägäischen Kultur als gegeben ansieht, die Ostküste Kleinasiens ebenso griechisch wie der thrakische Norden, das ‚eigentliche' Griechenland und der Süden von Kreta bis Zypern, was hat denn doch dazu geführt, daß Griechenland sich von Asien, seiner gewaltigen Mutter, trennte, selbständig wurde – als Kind zunächst, sodann als Gegner –, daß es eben dieses Asien als eine Gegenwelt errichtete zu seinem eigenen Sein und Selbstverständnis? Wie kam Europa als Idee zustande?
Die Frage ist wichtig genug, daß ihr der Grieche Herodot, der Vater der Geschichtsschreibung, die ersten Seiten seines Geschichtswerkes widmet. Herodot (484–430 v. Chr.) stammte aus Halikarnaß, einer der kleinasiatisch-griechischen Städte; das Ereignis seines Lebens war der gewaltige Kriegszug, den der Perserkönig Xerxes gegen ein paar kleine griechische Städte der ägäischen Westküste ausrüstete, um sie nach Art asiatischer Großkönige zu zerschmettern. Daß dieses Massenunternehmen fehlschlug, ist die Geburtsstunde Europas: die Lawine, der Erdrutsch, das Gemenge von Völkerschaften, die sich über den Hellespont wälzten, das sollte die frechen Widerständler, die unerhörte und ungehörige Opposition, niederwalzen, plattdrücken, die widerspenstige Provinz dem Großreich einverleiben wie so viele andere vorher – nicht zuletzt die Griechenstädte Kleinasiens, die, wenn sie sich gewehrt hatten, in Flammen aufgegangen waren.
Herodot, der Vielgereiste, hat sein Werk einen Erkundungsbericht – *Histories Apodexis* – genannt; aus dieser Erkundung stammt unser Geschichtsbegriff. Freilich sieht seine Erklärung des Zwiespalts zwischen Griechenwelt und asiatischer Barbarei auf den ersten Blick reichlich naiv aus: angefangen habe alles mit Frauenraub. So ging das vor sich: die Phoiniker kamen nach Argos in Griechenland, zu Schiff natürlich, breiteten ihre kostbaren Waren aus und nahmen Io, die Tochter des Königs, gleich mit, als sie nach modischen Neuigkeiten lüstern aufs Schiff kam. „Nach diesem", erzählt Herodot weiter, „sollen, wie die Perser erzählen, einige Griechen, deren Namen sie nicht wissen, bei Tyrus in Phönizien an Land gegangen sein, *Europa*, die Tochter des Königs, geraubt und so Gleiches mit Gleichem vergolten haben."
Die Frauenraubgeschichte geht noch weiter: die Griechen rauben in Kolchis, fern an der Küste des Schwarzen Meeres, Medea, die Asiaten ihrerseits bringen eine Griechendame, die schöne Helena, auf und entführen sie nach Troja, und die Griechen fangen den Trojanischen Krieg an, um Helena wiederzugewinnen. Wir brauchen uns um diese Weibergeschichten nicht weiter zu bekümmern (die übrigens sehr schön demonstrieren, wie eng Seefahrt, Handel und Räuberei zusammenhängen). Uns genügt die

Prinzessin Europa, die gar keine Europäerin ist, sondern eine Königstochter aus Phönizien, und die von Griechen – vermutlich, wie Herodot sagt, Kretern – entführt worden ist. Die Sage hat diese Entführung noch weiter aufgebauscht: der oberste Griechengott selber, Zeus, verliebte sich nun in die Königstochter, brachte sie als wunderbarer weißer Stier nach Kreta, erzeugte mit ihr den großen König Minos. Auch ihr Bruder wurde in der Sage eine wichtige Person: er kam auf der Suche nach der Schwester nach Griechenland, gründete die Stadt Theben und schenkte den Griechen die phoinikische Schrift.

Wie man's auch dreht und wendet: Europa ist aus Asien gekommen, das will der Mythos sagen. Die griechische Philosophie ist eine Tochter der Weisheit Ägyptens, so hat es Platon versichert. Das ist das erste und grundlegende Faktum. Das zweite, ebenso wichtige: der Ur-Konflikt zwischen Asien und Europa geht nicht um Macht, sondern um Wiederherstellung des Rechts. So sah es Herodot: die Asiaten fänden, Weiber zu entführen, sei zwar eine Ungerechtigkeit, wegen der Entführten aber Kriege anzuzetteln, sei töricht, das seien die Weiber nicht wert. Bei den Griechen aber wird Gerechtigkeit mit Erkenntnis zusammen das höchste Ideal. Der Sohn, den Zeus mit Europa zeugt, König Minos, ist der gerechteste aller Herrscher, und die Sage versetzt ihn als Abwäger von Schuld und Unschuld, als Totenrichter in die Unterwelt. Dem Griechenstreben nach Gerechtigkeit verdanken wir alles, was unsere politische Bildung über Gewalt und Willkür hebt: von der Demokratie, der bürgerlichen Freiheit, der ordnenden und helfenden Gesetzesordnung und Verfassung bis zum Begriff der Politik selbst, der von Polis sich ableitet, dem Stadtstaat griechischer Prägung. Die Polis als Stätte gerechter Ordnung bäumt sich auf gegen den Großraum, das Reich, das einem einzigen untertan ist, das ist ein Grundzug des ersten großen europäischen Ereignisses: der Griechenkriege gegen die Perser.

DAS LABYRINTH UND DIE SONNENFINSTERNIS

Die Griechen, wenn sie nachsannen, worin sie sich von den Barbaren unterschieden, dachten zuerst an dies: an das Gesetz. *Wir* sehen, wenn wir Griechenland beschwören, vor uns die Tempel und Weihestätten, die Säulen und Statuen, die Bildnisse und die Masken. Wir denken an die Theater, wir lesen die Texte, die Antike hat unseren Bildungsschatz unendlich bereichert, ja, unsere Idee der Bildung selbst geprägt. Unser gesamtes Kategoriensystem ist griechisch vorgedacht, unsere Wissenschaften sind von den Griechen erfunden. Das alles ist bekannt, es wäre müßig, es hier als Katalog auszubreiten. Aber wir wollen noch einmal in die Frühzeit zurück, zu den geistigen Ursprüngen Europas, zu der von Zeus geraubten Jungfrau, welche die Mutter des Minos wurde.

König Minos hatte einen höchst kunstreichen Helfer namens Daidalos. Daidalos kam aus Athen, er war der Künstler schlechthin, wenn Kunst von ‚können' kommt. Er war ein großer Baumeister und baute dem König das Labyrinth – einen Irrbau für die staunenden Zeitgenossen, für uns Nachfahren nur das Vorbild aller vielgegliederten, nach Bedürfnissen durchorganisierten Architektur. Als der König seinen tüchtigsten Helfer einsperren ließ, konstruierte Daidalos, den Vogelflug studierend, die erste Flugmaschine, hob sich hoch übers Meer und entfloh ins ferne Sizilien. Ein mythischer Traum, gewiß, aber uns seltsam anrührend in dieser frühen Zeit; wir Europäer, die Erben dieses Sagenkünstlers Daidalos, haben ja nicht nachgegeben, bis eines Tages nach der *See*fahrt auch die *Luft*fahrt möglich wurde, als Gemeinschaftsleistung vieler Ingenieure und Konstrukteure. Und – nicht zu vergessen – *techné* ist ein griechisches Wort und heißt Kunst.

Schon in das Dämmerlicht früher Geschichte ist eine zweite Gestalt getaucht, die wir hier an vieler anderer Statt nennen wollen: der kleinasiatische Grieche Thales von Milet, der in der ersten Hälfte des 6. Jahrhunderts v. Chr. lebte. Er hat, was seinen Zeitgenossen noch als Zauberei erschien, die Sonnenfinsternis des Jahres 585 vorausbestimmt, hat den Magnetismus beobachtet, in Ägypten nach der Ursache der Nilüberschwemmungen geforscht, hat angeblich als erster dem Kreis das rechtwinklige Dreieck einbeschrieben – vor allem aber wagte er sich an eine umfassende kosmische Theorie. Die Welt schwebe wie ein Schiff auf dem Okeanos, dem Urmeer, und überhaupt sei alles, Erde, Menschen und Welt, aus dem Wasser erstanden.

Dieser Thales ist wie Herodot, der von ihm erzählt, ein erster Erkunder und zugleich ein Vorahne der späteren Fragestellungen der Philosophie. Philosophie, Theorie, Methode, Kritik, Analyse, Logik – lauter griechische Wörter, lauter griechische Sachen in ihrem Ursprung. Was mit der ruhelosen Neugier und dem Rundum-Fragen des alten Thales von Milet anfing, setzte sich im glänzendsten Aufstieg fort – zu Sokrates und Platon, zu Demokrit und Aristoteles, als eine neue, sich nie zufriedengebende Denkbemühung. Was wir Wissenschaft nennen und kräftig abgrenzen gegen alle Formen östlicher Weisheit, ist von den rastlosen Meerfahrern der Ägäis erfunden und eingeübt worden. Das geschah sicher nicht ohne orientalische Vorarbeit, ohne Einweihung in die Künste der Ägypter und Babylonier, die in ihrer Vermessungspraxis die Mathematik, in ihrer Zeitbestimmung die Astronomie, in ihren Regierungsakten und Handelsbedürfnissen Schrift und Rechnungswesen entwickelt hatten. Die Griechen sind nicht vom Himmel gefallen. Aber was sie den Orientalen voraushatten, was sie zu unseren unvergänglichen Lehrmeistern gemacht hat, war ein Wissensdrang, der sich immer nachhaltiger vom praktischen Nutzen löste. So ist jene ganz neue Sache entstanden, die sich Philosophie nannte: Liebe zur Wissenschaft, um der Wissenschaft willen. Wissen um der höchsten Güter willen: des Menschenglücks, der Freiheit, der Güte, der Wahrheit. Aus der griechischen Philosophie klingt das hinüber zum Staatsvolk der Römer und durchdringt sieben Jahrhunderte nach dem Sonnenfinsternispropheten Thales die christliche Lehre vom Sohn Gottes mit griechischem Geist: Im Anfang, so alt wie Gott, war der Logos, die höchste Vernunft, und der Logos war bei Gott, und Gott war der Logos. Aus diesem Erbe leben wir.

EUROPA VERDANKT DER ANTIKE

nicht nur den Namen, den die von Zeus geraubte phönizische Königstochter trug. Auch die Götter Griechenlands, die menschliche Züge tragen – ein charakteristischer Unterschied zu den dämonischen Mischwesen der Götterwelt der benachbarten Kulturen Asiens oder Ägyptens –, und die Proportionen der griechischen Tempel waren vorbildhaft für den Kontinent, für dessen kulturelle Entwicklung die griechische Welt Wurzelgrund ist.

Tempel des Poseidon auf Kap Sunion

Das Zeitalter der griechischen Helden, der Könige Agamemnon, Menelaos, Odysseus und Achill, und ihre von den olympischen Göttern Zeus und Hera, Ares und Apollo, Poseidon und Athene unterstützten Kämpfe, gehören in Homers Beschreibung zum abendländischen Bildungsgut. Durch die archäologischen Entdeckungen Heinrich Schliemanns und seiner Nachfolger wurde diese Zeit auch bildlich greifbar.

Goldmaske des Agamemnon aus Mykene

Sportliche und musische Wettkämpfe vereinten die Stämme und Stadtstaaten Griechenlands alle vier Jahre in Olympia, dem Heiligtum des Göttervaters Zeus. Diese „olympische Idee" lebt heute noch ebenso wie das griechische Ideal einer Bildung von Körper und Geist.

Eingang zum Stadion von Olympia

Auch das Heiligtum des Apollo in Delphi war ein Versammlungsort für ganz Griechenland und berühmt in der ganzen antiken Welt wegen der Orakelsprüche der Priesterin Pythia. Die Insel Delos, der Geburtsort Apolls und seiner Schwester Artemis, bewahrte im Apollotempel den Schatz des Attischen Seebundes, der zur treibenden Kraft des Kampfes der Griechen gegen die Perser wurde.

Delphi, Blick vom Theater auf den Apollotempel

Ein Löwe von der Löwenterrasse in Delos

Strahlender Höhepunkt der kulturellen, künstlerischen und politischen Entwicklung Griechenlands war Athen, die Hauptstadt Attikas und heute ganz Griechenlands. Die Stadt der Göttin Athene, deren Tempel, der Parthenon, den Tempelberg der Akropolis beherrscht, war die Wiege der „Demokratie", ebenso wie diese Stadt entscheidend am Abwehrkampf gegen die Perser beteiligt war, deren Flotte nach einem Plan des Themistokles in der Seeschlacht bei Salamis von den griechischen Schiffen vernichtet wurde.

Athen, Blick auf die Akropolis

DAS ERBE GRIECHENLANDS TRAT ROM AN

Nach seiner sagenhaften Gründung 753 v. Chr. durch Romulus und Remus, die von einer Wölfin gesäugten Kinder des Kriegsgottes Mars, entwickelte sich die Stadt in zähem Ringen zur Herrscherin Italiens, dann der Welt des Mittelmeers und schließlich zur Hauptstadt des römischen Weltreichs, das weite Teile des heutigen Europa umfaßte.

Die römische Wölfin mit Romulus und Remus

Blick auf das Forum Romanum

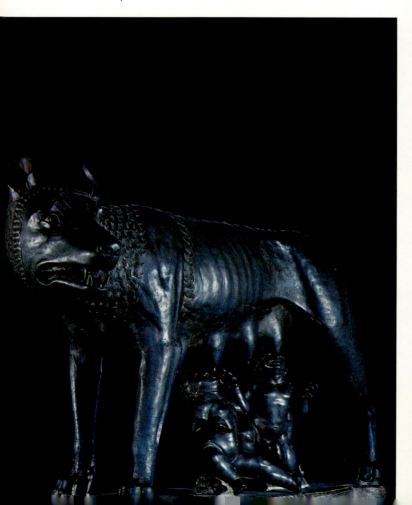

Kaiser Konstantin d. Gr., der das lange Zeit blutig unterdrückte Christentum als Staatsreligion förderte, setzte mit der Gründung Konstantinopels als zweiter Hauptstadt im Osten des römischen Weltreiches einen für die spätere Geschichte Osteuropas wichtigen Akzent.

Triumphbogen Kaiser Konstantins in Rom

Ansicht von Konstantinopel im 16. Jahrhundert

Rom, die Hauptstadt Italiens, ist seit Konstantin auch die Hauptstadt des
Christentums. Die erstmals von Konstantin über dem Grab des Apostels Petrus
errichtete Basilika von St. Peter, an deren Neubau Michelangelo,
der Schöpfer der Kuppel, maßgeblich beteiligt war, und der von Bernini
geschaffene gewaltige Petersplatz sind das Ziel von Pilgern aus aller Welt,
die hier den Segen des Papstes „Urbi et orbi – für die Stadt und den Erdkreis" erwarten.

Rom, Peterskirche und Petersplatz

Rom und die römischen Kaiser, die ein Weltreich eroberten, das von Spanien bis Gallien und England, von Kleinasien bis zum Balkan und tief nach Germanien reichte, vermittelten den Völkern der „Barbaren" die Welt des griechischen Geistes und antiker Kultur ...

Reiterstandbild des Kaisers Marc Aurel auf dem Kapitolsplatz in Rom

Griechischer Tempel in Selinunt, an der Südküste Siziliens

Raffael: „Die Schule von Athen"

... die schon durch die griechischen Kolonien, die Sizilien, Süditalien und Südfrankreich mit Pflanzstädten besetzten, in Europa so Fuß gefaßt hatte, daß man berechtigt von Großgriechenland sprach.

Raffaels Gemälde „Die Schule von Athen" versammelt um die Zentralgestalten Platon und Aristoteles die griechischen Denker und Philosophen, die das Weltbild Europas entscheidend beeinflußten und prägten. Diese Wurzeln europäischer Geistigkeit, deren sich das Abendland in der Renaissance, der Wiedergeburt der Antike, bewußt erinnerte, sind bis heute lebendig.

Rom vermittelte Europa auch die typisch römischen Kenntnisse des Straßenbaus, der gewaltigen Anlagen der Ingenieurstechnik und den ganzen Bereich einer hochentwickelten Zivilisation.

Römische Wasserleitung in Segovia, Spanien
Römisches Amphitheater in Pula, Jugoslawien
Folgende Seite: Römische Silberschale aus Augst, Schweiz

Ein dritter Weg, auf dem das griechisch-römische Erbe nach Europa gelangte, ging von Konstantinopel, der Hauptstadt des Oströmischen Reiches, aus, das später den Namen Byzanz trug. Unter Kaiser Justinian wurde die Kirche der Hagia Sophia erbaut, Vorbild sowohl für die Moscheen der islamischen Eroberer wie in enger Verbindung mit dem griechisch-orthodoxen Christentum für die Kirchenbauten des Balkan und Rußlands, in dessen Zarenkrone die Form der byzantinischen Kuppel gleichfalls anklingt.

Kaiser Justinian mit Gefolge
Folgende Seiten:
Innenraum der in eine Moschee verwandelten Kirche der Hagia Sophia in Istanbul
Kuppelkirche des Rilaklosters, des Nationalheiligtums von Bulgarien
Kapelle der serbischen Könige im Kloster Studenica, Jugoslawien
Die Alexander-Newski-Kathedrale in Sofia
Die Zarenkrone Peters des Großen

DIE KAISER VON EUROPA

Die Griechen haben Europa erfunden, aber sie haben es nicht ausgefüllt. Das wurde die Aufgabe der Römer. Der Kontinent der Griechen war die Ägäis, und der größte Griechenschüler, Alexander, König von Makedonien, breitete griechische Sprache, Kultur, Sitte und Herrschaft nach Osten, also Asien, und nach Süden, also Ägypten, aus, ließ aber den Norden, die Balkanhalbinsel, und den Westen, Italien, auf sich beruhen. Europa war, so gesehen, nur der Zipfel eines Zipfels, nur der kleine Finger einer Hand.

Die Römer haben den Schwerpunkt nach Westen, nach Rom, verrückt, und ihr Imperium reichte im Norden bis an die Südgrenze Schottlands, schloß Frankreich, Belgien, die Niederlande, einen Teil Deutschlands, die Schweiz, Österreich, Jugoslawien, Ungarn, Rumänien, Bulgarien, Griechenland, Spanien, Portugal ein, allerdings auch den Nil und den Euphrat, Kleinasien und Nordafrika. Es lassen sich manche Parallelen zwischen den Griechen und den Italikern ziehen, von denen die Römer einen kleinen, aber höchst energischen Teil bildeten. Die einen und die anderen kamen von Norden, waren Bauern und bei der Landnahme Krieger, sprachen verwandte Sprachen, hatten verwandte Götter. Frappanter sind die Unterschiede: Obwohl auch Italien lange Küsten, Buchten, Häfen, Inseln hat, blieben diese Schuster bei ihrem Leisten, dem Pflug, sie waren und blieben bedächtig-bäuerlich. Weil der Besitz, nicht der Erwerb ihre Sorge war, wurde ihnen das Gesetz noch wichtiger als den Griechen. Stellten jene die fixen Advokaten, so sie die Gesetzgeber und Richter. Die Ausbildung des Rechts, von den frühen Zwölftafeln bis zum Corpus iuris, das man heute als ‚römisches Recht' noch studiert, ist eine römische Dauerleistung.

Auch die Art, wie sie ihr Reich aufbauten – das staunenswerteste der ganzen Weltgeschichte, mit dem höchstens das britische wetteifern kann –, war eher pedantisch, vergleicht man sie etwa mit den Koloniegründungen der Griechen weit übers Meer oder mit den rasanten, länderschluckenden Zügen Alexanders. Sie brauchten ein paar hundert Jahre, bis sie vom Tiber aus ein paar Nachbarstädte der Region, die Latium hieß, sich einverleibt, ‚eingemeindet' hatten. Wie ein Bauer immer wieder Äcker dazukauft, Besitz abrundet, so legten und langten sie zu, brauchten wieder unendlich lange, bis ihnen Italien gehörte.

Hier muß ein Wort über dieses vorrömische, außerrömische Italien eingeschoben werden, dessen Südhälfte von den seefahrenden Griechen kolonisiert war und in dessen Mittelregionen zwischen Po und Tiber die Etrusker sich niederließen und ausdehnten, ein wahrscheinlich kleinasiatisches Volk, das sicher nicht über die Berge gewandert, sondern zur See gekommen war. Und so wundert es uns nicht, daß die Römer ihre Herkunft keineswegs von blonden Marschierern aus Nord und Nordost ableiteten, sondern von einem Helden, der auf der Flucht mit seinen Schiffen an die lateinische Küste getrieben worden war: von dem Trojaner Aeneas, einem Asiaten also. Der stammte glattweg von der Göttin Venus, welche die Griechen Aphrodite nannten und in Zypern hatten zur Welt kommen lassen, und er brachte das hölzerne Stand- und Schutzbild einer anderen griechischen Göttin, der Pallas Athene, das Palladium, mit. Wie bei der schönen Europa und ihrem klugen Bruder Kadmos wanderte auch hier die Kultur von Ost nach West.

Was aber die Seefahrt angeht, so haben die Römer ihre schlimmsten Kriege, die sie selbst an den Rand der Vernichtung brachten, gegen das Seefahrer- und Händlervolk der Karthager ausfechten müssen, die ihrerseits einer Tochtergründung der Phoiniker entstammten und das westliche Mittelmeerbecken beherrschten. Sie siegten gegen den großen Afrikaner Hannibal, nicht weil sie die besseren Feldherren, sondern weil sie den längeren Atem, das stärkere Durchhaltevermögen bei Niederlagen und Verlusten, das kräftigere Staatsbewußtsein hatten. Das phoinikische Karthago wurde schließlich so gründlich zerstört, daß kein Stein davon mehr zu sehen ist. Was heute Karthago heißt, ist eine spätere Neugründung.

In diesem mühseligen, klug bedachten und hart erkämpften Aufstieg Roms hat der Mythos – sieht man von den Gründungszeiten ab – nichts mehr zu suchen. Da ist Geschichte als Politik zu studieren, und Politik meint nun etwas ganz anderes als bei den Griechen, wo sie zugleich ein wogendes Schauspiel der Leidenschaften, ein Panorama von menschlichen Kleinwelten war, ein ewiges Verwirrspiel mit fortwährend wechselnden Fronten. In Rom, bei allem Auf und Ab der Parteien, der Klassenkämpfe, der Familienrivalitäten, zeigt sich das große Tun von Staatsbaumeistern, und es ist kein Zufall, daß ein wichtiger Teil unserer politischen Begriffswelt aus ihren Einrichtungen abgeleitet ist: der Senat als der Rat der Alten, der nicht regiert, aber durch Autorität – auch ein sehr römischer Begriff – lenkt; die Konsuln, zwei, die abwechselnd dem Staat, der Republik, vorstehen, einer als Kontrollfigur des anderen; der Diktator, vorgesehen als Notlösung für schlimme Zeiten und höchstens für ein Jahr; der Imperator, der Feldherr, dem man nie traut, weil er über die Soldaten verfügt und also die Macht ‚ergreifen' kann; die Patrizier und die Plebejer als Stände; schließlich, aus lateinischen Wortstämmen: „liberal", „sozial", „konservativ" und „kommunistisch".

Das Imperium war schließlich so groß, daß die Römer, das Herrenvolk, nur noch eine verschwindende Minderheit darin bildeten. Aber sie regierten nicht nur, sondern regulierten alles von der Zentrale her, dank gut ausgebauter Straßen, glänzender Verwaltung, schlagkräftiger Armeen. Sie hatten das Regieren allmählich gelernt; auch „regieren" ist ein lateinisches Wort, wie „Staat", „Minister", „Kommune" und – auf dem Umweg über das Französische – „Parlament". Sie bauten nicht nur Tempel und Thermen, sondern auch Viadukte und Aquädukte, und die Wasserleitungen, mit denen sie die großen Städte versorgten, sind noch heute imposant. In einem römischen ‚municipium' zu leben war ungefähr so sicher und bequem wie heute in einer deutschen oder amerikanischen Mittelstadt, und in den Großstädten – Rom, Mailand, Lyon, Alexandria – wurden die Leute in schmalbrüstige Hochhäuser gezwängt wie heute in Mailand oder München. Das war die antike Zivilisation, und auch dieses Wort ist lateinisch, von „civis", der Bürger, abgeleitet. Selbstverständlich verfügte eine anständige Gemeinde auch über Kultureinrichtungen – „cultura" ist, es wundert uns schon nicht mehr, auch lateinisch und heißt Pflege –, angefangen von Bibliotheken und Gymnasien (das waren Sportstätten) bis hin zu Konzerthäusern und Theatern oder mächtigen Zirkusgebäuden aus großen Säulengängen, wie dem Kolosseum in Rom und der Arena von Verona.

‚RELIGIO'

Man würde die Römer allerdings falsch verstehen und zu gering einschätzen, wenn man in ihnen nur die großartigen Verwalter eines Imperiums sähe, tüchtige, aber etwas grobe Burschen, die sich feiertags unbedingt eine Löwenhatz oder einen Gladiatorenkampf ansehen mußten. Ihre geistigen Leistungen reichen weit über den staatlichen Bereich hinaus, auch wenn sie die frühe Vollkommenheit griechischer Meisterwerke niemals wieder erreichten.
Ihre bedeutsamste schöpferische Leistung war die Religion. Sie waren in diesem Punkt – obwohl sie einen ganz ähnlichen Götterhimmel einrichteten – ungefähr das Gegenteil der Griechen. Für die Griechen war alles Religiöse ein Phantasiespiel; sie erfanden, erdachten, kombinierten, variierten Göttergeschichten, Mythen, und sie ehrten die Götter in den schöngefügten Säulenhallen der Tempel, in den ebenmäßigen Statuen, in denen die Götter Menschen sind wie du und ich, und in den Chören und Anrufungen des Theaters, das eigentlich ein Gottesdienst war. Die Römer hingegen sahen in der ‚religio' vor allem die Bindung, das Feste und Unverrückbare, den Ritus und den Kultus, das Sakrale gegenüber dem Profanen. Priesterschaft war ein wichtiges Staatsamt und die Einhaltung frommer Bräuche eine allgemeine und sehr ernst genommene Verpflichtung. Eines der römischen Leitworte – so wichtig wie Autorität – war ‚pietas', Frömmigkeit, und fromm war, wer die Ahnen und die Sitten der Alten ehrte. Fromm war jener Aeneas gewesen, von dem die Gründer Roms abstammten, denn er hatte aus dem brennenden Troja nicht nur das Götterbild der Pallas Athene, sondern auch, huckepack, seinen Vater gerettet. „Pius Aeneas", den frommen Aeneas, hat ihn der größte Dichter Roms, Vergil, genannt, und Pius ist später ein Lieblingsname der römischen Päpste geworden.
Wie in Vorzeiten der fromme Aeneas, so kamen, als das Römische Reich den ganzen damals bekannten Erdkreis umfaßte, wiederum von Osten, aus Asien, fromme, schwärmerische, verzückte Männer und brachten ihre Religionen mit, östliche Kulte, die überraschend schnell Wurzel schlugen: die Verehrung der Großen Mutter, der Isis, des Mithras, und die eines menschlichen Gottesgesalbten, was auf griechisch ‚christos' heißt. Die Römer unterschieden dieses Gewimmel nur ungenau, nur die Juden fielen ihnen wegen ihres Eingottglaubens und ihrer Absonderung auf, und die Christosleute, die ‚christiani', waren zum Teil Juden. Den ‚christiani', die sich ebenfalls abgesondert hielten, wurde eben deshalb allerlei Böses nachgesagt, aber bald hatte man Anlaß, sich zu wundern, denn sie stellten sich als außerordentlich mutig heraus. Die römische Religion war eine Staatsreligion; so wie man Steuern zahlte, mußte man kleine Huldigungszeremonien für den Kaiser als göttlichen Vertreter der Staatsgewalt vollziehen, und eben dies weigerten sich die Christen zu tun. Die Verfolgungen, übrigens selten, dann allerdings hart, stellten sie auf die Probe, förderten aber gleichzeitig ihre Geschlossenheit; sie bauten, um es modern auszudrücken, ‚Kader' auf, ‚Gemeinden', in denen Brüderlichkeit ebenso selbstverständlich war wie Unterordnung.
Begünstigte die römische Verfolgung ihren Zusammenhalt, so die römische Ordnung ihre Ausbreitung. In einem befriedeten Reich mit ungestörtem Verkehr, in dem jedermann ohne Paß von Jerusalem nach London oder von Tripolis nach Köln reisen konnte, wurden Meinungen, Stimmungen, Überzeu-

gungen ebenso schnell weitergegeben wie Münzeinheiten oder Maurertechniken. Palästina war nur ein Winkel des Römischen Reiches, aber von ihm wie von jedem anderen Punkt aus waren alle anderen erreichbar – in einem Wirtschaftsraum, der unsere EG nicht nur an Weite, sondern auch an Freiheit von Beschränkungen übertraf und der mit den Waren zugleich auch Weltanschauungen passieren ließ. So trug die kleine asiatische Religion, die Jesus von Nazareth begründet und Paulus von Tarsos in die griechisch-römische Weite übermittelt hatte, von Anfang an einen römischen Stempel. Die Geburt des Gottgesalbten wurde mit dem Namen des römischen Kaisers Augustus verknüpft, und der Name des unbedeutenden römischen Provinzgouverneurs, der ihn kreuzigen ließ, des Pontius Pilatus, ist heute noch allen Christen geläufig. So verlagerte sich ganz von selbst der Schwerpunkt des Christentums in die Zentrale des Imperiums, und dem Vorsteher der römischen Gemeinde fiel schließlich der Primat zu, der Vorrang vor den anderen Episkopoi (Bischöfen). Während das römische Weltreich längst zerfallen ist, eine historische Erinnerung, von der nur noch Ruinen reden, ist die römische Weltkirche immer noch die ausgebreitetste aller Religionen, und ihr Oberhaupt, der Papst, führt den Titel weiter, den der höchste Priester der römischen Staatsreligion trug: er ist ‚Pontifex maximus‘, Ober-Brückenbauer.

MORGENLAND UND ABENDLAND

Ein Gegensatz war allerdings von Anfang an in diesem mächtigen Staatskörper angelegt: die Verschiedenartigkeit der westlichen und der östlichen Reichshälfte. Sie beruhte auf dem Abstand der Kulturen: der Orient blickte auf Jahrtausende, Griechenland auf Jahrhunderte hoher Kultur zurück – Rom war viel später dazugestoßen, und erst recht waren im heutigen Frankreich, England, Deutschland, Spanien die Gallier, Brittonen, Germanen, Iberer frisch zivilisiert, Kolonialvölker gewissermaßen, die sich anpaßten. Dem Kulturgefälle von Ost nach West entsprach ein Zweisprachensystem: seit Alexander dem Großen hatte sich im Osten das Griechische als Verkehrssprache durchgesetzt, während im Westen (einschließlich eines Teils von Nordafrika) das Lateinische die einheimischen Sprachen ersetzte. Das Lateinische war die Amts-, Rechts- und Verwaltungssprache, das Griechische galt überall als Sprache der feinsten Bildung, wie viel später, im 18. Jahrhundert, in ganz Europa das Französisch.
Mit dem zeitlichen Abstand erklärt sich ein weiterer bedeutsamer Unterschied: Die griechische Architektur krönte sich, aber erschöpfte sich zugleich in ihren Tempeln. Wir stehen staunend auf der Akropolis von Athen oder vor den Säulen von Paestum, Agrigent und Selinunt, aber so gut wie alles andere, Paläste und Magazine, Rathäuser und Landhäuser, ist versunken, war in der Substanz vergänglich. Bei den Römern haben auch die Zweckbauten einer nach heutigen Begriffen ‚bürgerlichen‘ Zivilisation standgehalten: die Bäder und die Wasserleitungen, die Mauern und die Tore, die Paläste und die Villen, die Straßen und die Friedhöfe. Diese Zivilisation war technisch fortgeschritten und zugleich von der Hoffnung auf ewigen Bestand erfüllt. ‚Roma aeterna‘, das war nicht nur Ausdehnung im Raum

bis an die Grenzen der Erde, sondern auch Ausdehnung in der Zeit, bis ans Ende aller Zeiten, *per saecula saeculorum.*

DER KAISER UND DIE KAISER

Die römischen Mauern haben tatsächlich alle Zeitstürme und Erdbeben überdauert, nicht so das Reich. Es wurde in seiner Begrenzung eben in dem Augenblick sichtbar, als „in der Fülle der Zeiten" das Kind Jesus geboren wurde: die Legionen des Kaisers Augustus wurden mit einem waldbewohnenden Grenzvolk im Norden, Germanen genannt, nicht fertig. Mit dem Erdkreis war es nichts. Statt immer weiterer Ausdehnung, um endlich die ‚pax romana', den römischen Sieg-Frieden, zu verwirklichen, ging man an den Bau von Grenzwällen, an die Verteidigung des einmal Erreichten. Auch dem göttlichen Kaiser waren menschliche Grenzen gesetzt. Von diesem Kaiser und seinen Nachfolgern muß nun die Rede sein. Wenn man den Begriff des Nachfolgers etwas weiter faßt, hat dieses römische Kaisertum im Westen Europas bis 1806 und 1815, im Osten bis 1917 vorgehalten. Für ein historisches Panorama Europas ist es ein zentraler Begriff.
Die ‚alten' Römer, das muß an den Anfang gestellt werden, waren Republikaner. ‚Res publica' heißt öffentliche Angelegenheit, der Staat war die Sache des Volkes. Das war nicht so schön, wie es sich anhört, denn dieses „Volk" schloß das eigentliche Volk, die kleinen Leute, und erst recht das Millionenheer der Sklaven aus, aber das System erlaubte doch den Wechsel, den Ausgleich, die Machtablösung. Bis sich schließlich die Gegensätze zwischen den Clans und Parteien so zuspitzten, daß das nach außen siegreiche Rom in furchtbare Bürgerkriege stürzte. Die Folge war, daß nach vieler Zerfleischung alles nach dem Ordnungsstifter seufzte, Bürgerkrieg ist ja bekanntlich erbitterter und zerstörerischer als der Krieg zwischen altvertrauten Feinden.
Die Alleinherrschaft eines einzigen schien das geringere Übel. Als aber der geniale Feldherr und Staatsmann Julius Caesar den Fuß auf die Stufen zum Thron setzte, brachten ihn die Republikaner um, und erst seinem Adoptivneffen Octavian gelang nach weiterem Bürgerkriegsgemetzel die Einigung. Zu seinen Listen gehörte, daß er den Königstitel vermied, sich nur ‚Princeps', den ersten Mann im Staat, nennen ließ, auch nichts gegen ehrende Titel, wie Augustus, den Erhabenen, oder ‚Vater des Vaterlandes', einzuwenden hatte. Seine Nachfolger waren zum Teil ausgemachte Despoten, aber mit den Titeln blieben sie weiter vorsichtig, und sie beließen es beim Namen des Familienbegründers, Caesar. Der hieß auf griechisch ausgesprochen Kaisar, und so ging ein neues Wort in eine weittragende Weltgeschichte ein. So, griechisch, hat es das Evangelium der Christen überliefert: „Gebt dem Cäsar, was des Cäsars ist, und Gott, was Gottes ist."
Wir brauchen die guten und die schlechten Kaiser, den Titus und Trajan, den Caligula und Nero, hier nicht aufzuzählen, auch das Kaisertum dauerte schon dreihundert Jahre, als die Krisen sich häuften, die äußere Sicherheit abnahm, die Wirtschaft an Inflation krankte, die Soldaten meuterten, die Bürger sich vor Staatsaufgaben drückten. Da wurde – von dem großen Kaiser Diokletian – das

Reich geteilt: in Morgenland und Abendland, in Westrom und Ostrom. Der alte Gegensatz tat sich neu auf, das Reich wurde eine Ellipse mit zwei Brennpunkten. Genaugenommen wurde das Reich geviertelt, denn beide Hälften wurden noch einmal in Richtung Nord-Süd geteilt und an Unterkaiser weitergegeben. Der Nordwestteil hieß Galliae, und die Residenz wurde eine heute deutsche Stadt: Trier.

Diokletian machte sich selbst zum Monarchen, straffte die Verwaltung, setzte Höchstpreise fest und verfolgte die Christen als staatszersetzende Elemente. Kein Jahrzehnt nach seiner Abdankung paktierte der Westkaiser Konstantin mit eben diesen Staatszersetzern, und weitere zehn Jahre später war das Christentum staatlich anerkannt. Konstantin faßte das Reich noch einmal zusammen, aber wie schon Diokletian residierte er nicht mehr in Rom, sondern im Osten, suchte sich als neue Hauptstadt das kleinasiatische Byzanz aus, an der Nahtstelle zwischen Asien und Europa, und benannte die neue Hauptstadt in Constantinopolis um. Die nächste Kirchenversammlung der Christen fand unter seinem Vorsitz statt, wieder in einer kleinasiatischen Stadt, in Nicaea, und zur faktischen Alleingewalt des Kaisers trat nun, ihn zugleich stützend und überstrahlend, die Alleingewalt Christi, des Pantokrators (Allbeherrschers). Ein Vierteljahrhundert hatte die Welt verändert: nicht nur in ihren Machtverhältnissen, auch in ihren Maßstäben.

DIESMAL: ABENDLAND UND MORGENLAND

‚Morgenland und Abendland' war ein anderer Abschnitt überschrieben. Nun wechselt die Reihenfolge – nicht wegen wechselnden Eigengewichts der beiden Reichsteile, sondern weil wir selber, die heutigen Europäer, Erben des Abendlandes sind. Dabei ging es eben dieser westlichen Reichshälfte zunächst weit schlimmer als der östlichen. Es hatte seinen guten Grund, daß die Konstantiner, die eigentlich im Nordwesten, in Trier zum Beispiel, zu Hause waren, im griechischen Kleinasien ihren neuen Schwerpunkt setzten.

Der Westen war unsicher geworden. Eben jene Germanen, an deren barbarischer Urkraft Augustus und seine Nachfolger gescheitert waren, überrannten seit dem 3. Jahrhundert Grenzen und Wälle, ein allgemeines Völkergeschiebe setzte ein, wie in jener Wanderungszeit tausend Jahre vor Christus, welche die Griechen nach Griechenland, die Italiker nach Italien gebracht hatte. Der Wohlstand wurde weggeblasen, Raub- und Plünderungszüge waren an der Tagesordnung, die Sitten verwilderten. Die zersetzenden Elemente von gestern, die Christen, stellten sich als die einzigen heraus, die Recht und Ordnung aufrechterhielten, den Bischöfen fiel auf einmal politische Verantwortung zu, die Päpste wurden in *dem* Rom Machtfaktoren, das die Kaiser aufgegeben hatten. Ein christlicher Römer, Benedikt von Nursia (* um 480), kam auf den Gedanken, den Staat in seiner kleinsten Zelle, in einer Lebensgemeinschaft von Mönchen, wiederherzustellen, und er nannte diese Lebensgemeinschaft mit dem alten lateinischen Wort ‚ordo', Ordnung, Orden. In den dunklen Jahrhunderten der Anarchie, die nun folgten, wurden die Klöster Fluchtburgen der Ordnung, der Sicherheit, der Kultur.

Jahrhunderte der Anarchie, der Unruhen, Morde, Brandschatzungen, Geiselnahmen, der aufgelösten Besitzverhältnisse im politischen und privaten Bereich sind uns kaum vorstellbar, die wir schon bei einzelnen Terrorakten zusammenzucken. Aber vom 4. bis zum 8. Jahrhundert sah es so in Europa aus, und wer den Horrorfilm der sogenannten Völkerwanderungszeit kennenlernen will, dem sei empfohlen, etwa den Geschichtsschreiber der Franken, Gregor von Tours, zu lesen. Die überall vorstoßenden Germanen gingen zwar vielerorts von Raub und Eroberung zu Landnahme und Ansiedlung über, aber sie blieben ungebärdig, in viele Stämme gespalten, schwer unter eine feste Regierungsgewalt zu bringen, und nur überragende Königsfiguren wie der Gote Theoderich bändigten ihre rebellischen Neigungen. Sie nahmen zwar alle nacheinander das Christentum an, aber oft war das nur ein dünner Firnis über ihrer Kraftnatur. Spätere Zeiten, vor allem das 19. Jahrhundert, haben die Germanen veredelt; objektiv muß man sagen, daß sie zwar nicht ‚wandalisch' gehaust haben, aber daß ihnen der Sinn vor allem nach dem Reichtum der Unterworfenen stand. Kein Zufall, daß in den germanischen Sagen Goldschätze eine so gewaltige Rolle spielen. Erst in Jahrhunderten des Zusammenlebens und der Mischung wurden sie in die alte römische und die neue christliche Welt- und Wertordnung eingepaßt.
Das Morgenland hatte zwar auch keinen Frieden mehr, aber es geriet nur in seinen Randprovinzen in Bedrängnis. Das byzantinische Kaisertum, kurz Ostrom, mit seiner Hauptstadt Konstantinopel kommt in unseren Geschichtsbüchern nur nebenbei vor, ein vergessener Großonkel unserer Zivilisation. Aber es ist staunenswert, wie lange dieses Kaisertum in ununterbrochener Folge durchgehalten hat: noch mehr als elfhundert Jahre nach der Wahl der neuen Hauptstadt Konstantinopel. Es überlebte sogar den schlimmen Sturm, gegen den die Wanderungen der Germanen ein Kinderspiel waren: die gewaltsame Ausbreitung der neuen Religion des Islam, die mit dem Wüstenvolk der Araber an der Spitze 635 Damaskus eroberten, 637 Jerusalem, 641 Alexandria, 697 Karthago, nach 711 ganz Spanien. Tatsächlich war das Oströmische Reich nun auf Kleinasien, Griechenland und den Balkan beschränkt, und das Morgenland wurde der Orient, eine Märchenlandschaft, in der man persisch oder arabisch sprach, den Propheten Mohammed verehrte und sich von Sultanen und Kalifen regieren ließ.

KARL, VATER DES ABENDLANDES

Der Frankenkönig Karl hat nach einem halben Jahrtausend der Wirren dem Chaos im Westen des Reiches ein Ende gesetzt. Er hat das Abendland als politische Potenz und kulturelle Einheit erst wieder erschaffen. Die Weltgeschichte hat ihm dafür – zum erstenmal seit dem Makedonenkönig Alexander – das Prädikat des ‚Großen' zugesprochen.
Der Vorgang dieser neuen Staats- und Machtkonzentration verdient unsere volle Aufmerksamkeit. Lokale und regionale Machtzentren waren während der Jahrhunderte der Anarchie weit und breit entstanden, hatten sich ausgedehnt, andere Territorien überlagert, waren ihrerseits von Mächtigeren geschluckt worden. Das Frankenreich war auch nur eines unter diesen konkurrierenden Teilgebieten, ein besonders erfolgreiches. Das Erstaunliche: nachdem sich die Fluten verlaufen hatten, tauchte keine

veränderte Landschaft auf, sondern in seinen alten festen Konturen, unzerstört, das Imperium Romanum, das Römische Reich. Am Weihnachtstag des Jahres 800 wurde der Frankenkönig Karl vom Papst in Rom zum römischen Kaiser gekrönt.

Ein gewaltiger Anspruch sprach aus diesem Akt: Könige mochte es viele geben, aber es gab nur einen Kaiser. Gewiß, das Imperium war geteilt, und in Konstantinopel regierte der Kaiser von Ostrom. Aber der Westen, das Abendland, hatte eines voraus: mochte sich Konstantinopel das ‚Neue Rom' nennen, im Westen lag, zum Westen gehörte das alte, eigentliche, wahre Rom. Mochten im Osten altehrwürdige Patriarchen die Kirchen leiten, in Rom residierte der wahre Kirchenherrscher, der Papst. Mit diesem Reich hatte es allerdings verschiedene Haken, und bei näherem Zusehen stellte sich heraus, daß von den Strukturen des Imperiums nicht mehr viel stehengeblieben war. Zunächst und vor allem: der König der Franken konnte nicht einfach nach Rom umziehen. Das Schwergewicht des Imperiums lag nun im Norden, im heutigen Belgien, Nordfrankreich, Rheinland; Aachen war die neue Kaiserstadt. Im Mittelmeerraum war nicht nur Afrika weggebrochen, sondern auch Spanien, Süditalien, die Inseln. Rom war als Stadt zusammengeschmolzen, heruntergekommen, der geistliche Herrschaftsanspruch des Papstes kontrastierte grotesk mit seiner Unfähigkeit, sich auch nur in Rom der streitenden Parteien und unbotmäßigen Nachbarn zu erwehren. Er brauchte also dringend einen Protektor, aber der war wieder der beste aller möglichen, wenn er weit vom Schuß saß, dem Papst nicht dreinredete und nur von Zeit zu Zeit, etwa zur Krönung, als eine Garantiemacht am Horizont erschien.

Auch hatten die Franken gar keine Lust, Römer zu werden. Sie hießen seit alters her die ‚Freien', waren stolze Eroberer und sprachen einen germanischen Dialekt im Osten, ein nur noch mühsam als solches zu erkennendes Latein im Westen. Alle Einheitlichkeiten des alten Systems, Münzen und Maße, Post und Straßen, waren zusammengebrochen, ganz neue Formen der Gesellschaft konstituierten sich. Karl der Große war groß genug, den von ihm beanspruchten Herrschaftsbereich zusammenzuhalten und ihn sogar nach Osten und Süden hin zu erweitern, sein Reich konnte sich neben dem Oströmischen und den arabischen Reichen sehen lassen; aber als er starb, brach es bald auseinander. Ganz unrömisch wurde es zwischen den Nachkommen aufgeteilt, ein besseres Bauerngut. Aus der Erbmasse entstanden Länder und Nationalitäten Europas, Frankreich und die Franzosen, Deutschland und die Deutschen, Italien und die Italiener, und der gute Kaiser Karl verblaßte zur Legende. Erst das neue Europa der EG hat wieder an das abendländische Karlsreich erinnert, und die Stadt Aachen setzte für die Förderung des europäischen Zusammenschlusses einen Karlspreis aus.

Denar Papst Leos III., der Karl den Großen 800 in Rom zum Kaiser krönte. Die Vorderseite zeigt als Umschrift um das Monogramm Imperator den Namen Carlus, die Rückseite trägt das Monogramm Leos mit der Umschrift SCS Petrus.

DAS WERDEN DES ABENDLANDES

ist untrennbar verbunden mit der Ausbreitung des Christentums, das sich seit den Tagen Kaiser Konstantins zur Staatsreligion des römischen Weltreichs entwickelt hatte.

Kaiser Konstantin, Kopf einer Kolossalstatue

Die Moselstadt Trier, von 285–400 Kaiserresidenz für die westliche Hälfte des Römischen Reiches, war ein wichtiger Vermittler des Christentums und römischer Zivilisation ebenso wie die aus Legionssiedlungen entstandenen Bischofsstädte Mainz und Köln.

Die Porta Nigra in Trier
Bischof Severin von Köln

Der Frankenkönig Karl der Große sah sich seit seiner Kaiserkrönung in Rom als legitimer Nachfolger der römischen Kaiser und zugleich als weltlicher Herr des Imperium Christianum an. Seine Pfalzkapelle in Aachen ist in Grundriß und Gliederung ein Bau römischer Tradition, deren Weltreichsidee Karl im Ringen um die Einheit des Abendlandes fortsetzte.

Karl der Große

Oktogon der Pfalzkapelle Karls d. Gr. in seiner Residenzstadt Aachen

Während die Stammesherzöge, wie Tassilo von Baiern, in zielstrebiger Politik Christianisierung und Kolonisierung nach Osteuropa vortrieben, erweiterten die ottonischen Kaiser auch durch Heiratspolitik mit dem byzantinischen Kaiserhaus die Machtstellung des „Heiligen Römischen Reiches Deutscher Nation"...

Kelch des Herzogs Tassilo für das Kloster Kremsmünster

Grab der Kaiserin Theophanu, Gemahlin Ottos II., in St. Pantaleon in Köln

... deren europäische Vormacht sich in der Kaiserkrone noch für Jahrhunderte symbolisierte.

Die deutsche Kaiserkrone

DIE AUSBREITUNG DES CHRISTENTUMS

in ganz Europa wurde durch die germanischen Völker, die in die römische Provinzen eindrangen, gefördert. In Italien übernahmen die Ostgoten und Langobarden, in Spanien die Westgoten das antike Erbe.

Grabmal Theoderichs d. Gr. in Ravenna

Oben: Die „Eiserne Krone" der Langobarden

Unten: Anbetung der Könige vom Altar des
Langobarden Ratchis in Cividale del Friuli

Rechts: Westgotische Königshalle bei Oviedo

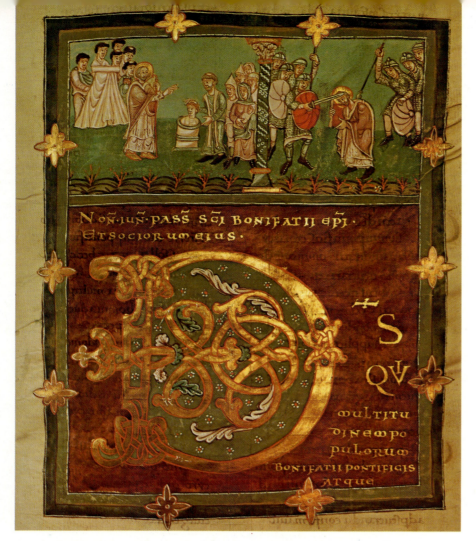

Aus England, dem nördlichsten Teil des römischen Weltreichs, und dem benachbarten Irland brach ein Strom von Mönchen zur Missionierung Mitteleuropas und Skandinaviens auf.

Märtyrertod des Bonifatius bei den Friesen

Christus auf dem Haraldstein von Jellinge

Schmuckseite aus dem irischen Evangeliar „Book of Kells"

Der Einfluß von Byzanz, dessen Bedeutung als Vermittler architektonischer Vorbilder und aus dem Hellenismus erwachsener christlicher Bildthemen für die Kunst Europas entscheidend war, zeigt sich ebenso deutlich in den Goldmosaiken der Bauten der normannischen Herrscher Siziliens wie in den Klosterkirchen von Ochrida, der zeitweiligen Hauptstadt von Altbulgarien.

Die Cappella Palatina, die Königshalle, im Normannenpalast von Palermo

Kuppel der Martorana in Palermo

Klosterkirche Sveti Naum am Ochridasee

DER RITTERLICHE MENSCH,

zu dessen Aufgaben sowohl die Verteidigung und Ausbreitung des Glaubens wie der Schutz der Kranken und Schwachen gehörte, prägte die Geschichte des europäischen Hochmittelalters. Kaiser und Könige, Fürsten und Ritter wetteiferten im Bau von Kirchen und Klöstern und im Kampf um die Eroberung des Heiligen Landes, für das Bernhard von Clairvaux das Abendland entflammte.

Der hl. Martin teilt seinen Mantel mit dem Bettler

Die Kanzel im Münster zu Aachen, von der Bernhard von Clairvaux den Kreuzzug predigte

Das Ideal der Minne, wie es von den ritterlichen Minnesängern und den provenzalischen Troubadouren verherrlicht wurde, prägte den höfischen Stil ganz Europas, in dem sich, beginnend in Frankreich und England, die Entwicklung zu Nationalstaaten abzuzeichnen begann.

Der Minnesänger Friedrich von Leiningen im Turnierkampf

Krypta des Doms zu Speyer, Grablege der deutschen Kaiser

Die Abteikirche St-Denis in Paris, Grablege der französischen Könige

Die Festungsstadt Carcassonne

Folgende Seite: Münze Edwards IV. von England

ITALIEN:
KAISER, PAPST UND SOUVERÄNE STÄDTE

Auf eine sehr vertrackte Weise war im Europa des Mittelalters das Schwergewicht politischer und religiöser Entscheidungen zwischen Nord und Süd geteilt: der Kaiser im Norden behauptete, in gerader Linie von Caesar und Augustus abzustammen und also alle Machtvollkommenheiten der Cäsaren zu besitzen; der Papst wußte sich in gerader Linie von Petrus abstammend, den wiederum Christus selbst als seinen Nachfolger eingesetzt hatte. Der Kaiser wollte über das weltliche Heil der Welt verfügen, also ein höchster Schiedsrichter sein. Der Papst beanspruchte als Gottes Stellvertreter auf Erden Entscheidung über das Seelenheil, also über den wichtigeren und dauerhafteren Teil jedes Menschenlebens, das sich nach kurzer irdischer Pilgerfahrt ins Jenseits verlagerte. Beider Ansprüche waren in gewissem Sinn Fiktionen, und jene Macht, die sich in Besitz, Bajonetten und Geld ausdrückt, war bei beiden meist nur sehr spärlich vorhanden. Die Fiktionen selbst aber hatten gewaltige Kraft, solange sie nicht als solche durchschaut, sondern als Bindungen und Begründungen anerkannt, *geglaubt* wurden. Päpste und Kaiser taten allerdings alles, um ihre Glaubwürdigkeit zu erschüttern: vor allem fochten sie Jahrhunderte hindurch den Streit darüber aus, wer von beiden denn tatsächlich eine Vorrangstellung gegenüber dem anderen innehabe. Der Kaiser im Bußkleid vor dem Papst, der Papst aus Rom vertrieben, im Exil verderbend, das sind Augenblicksaufnahmen aus diesem Kampf der ‚Supermächte', die statt der Bomben und Kanonen nur über Bann und Acht verfügten. Rom selbst, die Papst- und Kaiserstadt, war zur Kleinstadt geschrumpft und wurde zeitweilig zugunsten Avignons aufgegeben. Aber die Kaiser waren noch schlimmer dran: sie hatten nicht einmal eine Residenz, sondern nur Stützpunkte, und mußten sich umschichtig bei ihren Vasallen einmieten.

WAS WAR EIGENTLICH DAS MITTELALTER?

Natürlich war es eine Fiktion, dieses locker zusammengehaltene Reich, an dem innen und außen die eigenwilligen Kleinmächte zerrten, noch als römisches zu bezeichnen, während die Kirche es besser verstand, sich gegen Abspaltungsversuche zu behaupten, denn in Rom ansässig hatte sie einiges von römischer Regierungskunst gelernt, und dem alten römischen Recht fügte sie bald ein ihr eigenes, das kanonische, hinzu. Aber Fiktion hin, Fiktion her, die Idee wenigstens herrschte – herrschte kräftiger und nachhaltiger, als es je ein Kaiser Otto oder Barbarossa vermocht hätte, und schlug das Denken in ihren Bann.
Eine göttliche Ordnung durchdrang die Welt und regelte ihre Bezüge. Gott hatte den Kaiser und den Papst über die Menschen, den Löwen über die Tiere und den Adler über die Vögel gesetzt. Er verteilte Lohn und Strafe, Himmel, Hölle, Fegefeuer, er schied die Menschen in Kleriker und Laien, er war verantwortlich für ein Stufensystem, das sich in den Ständen und Rängen spiegelte und dem Bauern seinen Platz unter dem Ritter, dem Magister seine Stellung unter dem Doktor, dem König seinen geringeren Rang gegenüber dem Kaiser anwies. Diese Ordnungsidee konnte sich als im höchsten Grade schöpferisch entfalten: in den schönen Gliederungen der Kathedralen und den sauberen Absätzen der philosophischen Lehrgebäude; sie konnte aber auch Tod und Verderben bringen, wenn jemand willentlich

aus dieser Ordnung ausbrach. Dantes Göttliche Komödie ist das großartigste Denkmal aller Schönheiten und aller Schrecken des Systems.

Unter diesem Gesichtspunkt war Europa eine Einheit, eine lateinische, wenn man will – denn auch die Sprache des alten Imperiums war nun zu neuem Glanz gediehen, stellte sich als unumgängliches Einheitsidiom heraus, für Kirchen und Kanzleien, für Gelehrsamkeit und Dichtung, und erst in mühseligen Aufstiegskämpfen mußten sich die späteren Nationalsprachen gegen das verbindliche und verbindende Latein durchsetzen. Sein letzter Pfeiler, der lateinische Gottesdienst in der katholischen Kirche, ist ja erst vor einem Jahrzehnt eingestürzt. Zwar war alles anders als bei den Römern: die hatten weder gepanzerte Ritter noch getürmte Burgen, weder Kathedralen noch Universitäten, weder Minnesänger noch Zunftmeister besessen, und doch war die Einheit, das Einheitsbewußtsein, noch das römische. Ja, als im 15. Jahrhundert das Ahnen einer neuen Epoche, eines Umschlags und Neubeginns, nach Ausdruck suchte, im Italien der Humanisten, da artikulierte es sich wiederum als römisch, als Wiedergeburt des versunkenen, verschütteten Altertums, und für die immerhin tausend Jahre dazwischen fiel nur der verächtliche Name ‚media aetas‘, ‚medium aevum‘, Zwischenzeit, Mittel- oder Übergangszeit, ab. So ist das Wort Mittelalter eigentlich gemeint, als ein unbeachtliches Zwischenstück zwischen alter und wiedergeborener Antike. Später hat man es vor allem in Deutschland anders gedeutet: als Mittelpunkt-Zeit, in der sich der Traum der Menschen von einer großen gläubigen und geordneten Welt in herrlichen Gestalten und Gestaltungen erfüllt hatte.

KREUZZÜGE UND SEESTÄDTE

Das Europa des Mittelalters war gleichzeitig ein ‚Fleckerlteppich‘, aus unzähligen kleineren und größeren Besitztümern zusammengesetzt, und ein Großraum, den man von Ost nach West und Süd nach Nord ohne Paßkontrolle durchstreifen konnte. Im Namen einer Schrift von Novalis klingt diese Tatsache nach und wird zugleich als Zukunftstraum vorgegeben: die Christenheit oder Europa. Wer vom polnischen Krakau zum spanischen Santiago de Compostela pilgerte oder als Kaufmann von Venedig nach Bergen fuhr oder als Student von Paris nach Prag verschlagen wurde, fand überall dieselbe Liturgie, die gleichen Handelsbräuche, denselben Studiengang, er war in einer Kultureinheit aufgehoben, die alle bizarren und pittoresken Sondereigentümlichkeiten, die Buntheit des Mittelalters, in sich aufnahm und verarbeitete. ‚Universitas‘ wurde ein hochmittelalterlicher Lieblingsbegriff.

Als Gemeinschaftsunternehmen der Christenheit wurden auch die Kreuzzüge verstanden, die Kleinunternehmungen, mit denen das christliche Spanien den Mauren ein Stück ihres Landes nach dem anderen abnahm, ebenso wie die gewaltigen Anstrengungen, mit denen die abendländische Ritterschaft den Arabern das Heilige Land entreißen wollte. Wir sind heute nicht mehr geneigt, die Kreuzzüge als idealische Heldenfahrten gelten zu lassen, denn es floß in sie viel Ehrgeiz, Prestigedenken, Eifersucht, Abenteuerlust, auch schlichte Rauf- und Raublust ein; aber es läßt sich nicht leugnen, daß ihre Stoßrichtung ebenso wie ihr Elan nur aus der christlichen Verpflichtung abgeleitet werden können, das Land und das Grab Christi den ‚Heiden' zu entreißen. Es war gleichzeitig ein sehr verspäteter, politisch allerdings kaum geplanter Versuch, das Morgenland wieder dem Abendland anzuschließen. Darum wurde das Byzantinische Reich, das so christlich, wenn auch nicht so päpstlich war wie die Kreuzfahrer selbst, als Gegner überrannt, und der phantastische Plan eines lateinischen Kaisertums ausgerechnet in Griechenland wurde für kurze Zeit ins Werk gesetzt.

Die Kreuzzüge sammelten die Blüte des europäischen Adels, Franzosen und Deutsche an der Spitze. Italiener waren nicht viele dabei. Die nahmen nicht das Kreuz, sondern verdienten daran. Die Seestädte Venedig und Genua sorgten für den Transport der Kreuzfahrerheere und ihres Nachschubs und kassierten dafür Geld, Macht, Land, Einfluß und Handelsstützpunkte von Dalmatien bis Palästina und Syrien. Sie waren ohne Zweifel skeptischer, was den Lohn im Himmel anging, und um so eifriger bei der Beschaffung irdischer Nützlichkeiten. Handel und Schiffahrt begannen erneut ihre Glanzrolle zu spielen, wobei der Westen, Europa, eher der empfangende Teil war als der gebende. Das Morgenland, dem die düsteren Jahrhunderte der Völkerwanderungszeit erspart geblieben waren, war in allen feinen Künsten, im Handwerk und Luxus, in Landwirtschaft und Kaufmannstum dem Westen vorangeeilt, und die neuen Seemächte Venedig und Genua wurden gleichzeitig die Umsatzplätze für den Reichtum des Ostens, der gegen solide nördliche Produkte, wie Wolle und Pelze, eingetauscht wurde. Aus Damaskus kamen der Damast, die Damaszenerpferde und die Damaszenerklingen, aus Mossul der Musselin, aus Gaza die Gaze und aus dem ganzen Orient die Seiden, Perlen, Edelsteine und Gewürze, der Inbegriff hohen Lebens und fürstlicher Verschwendung.

Die Italiener als die gegebenen Mittler zwischen Orient und Okzident erneuerten das Geldwesen, das in den mageren Jahrhunderten dem Mangel und der Unordnung erlegen war, und erfanden, von arabischen Vorbildern angeleitet, das Bankwesen dazu. Sie dachten praktisch, waren Rechner, der Adel hatte sich in den Städten niedergelassen, statt auf einsamen Burgen und Adlerhorsten zu hocken, und partizipierte an den Geschäften. 1192 wurde in Venedig der erste Silbergroschen geprägt, 1252 in Florenz der Goldflorin, 1284 in Venedig der Dukaten. Die sienesischen Bankiers finanzierten die Unternehmungen der Päpste, die Florentiner halfen den europäischen Königen aus und überlebten die Zahlungsunfähigkeit der englischen Krone. Die St.-Georgs-Bank in Genua war später, im 16. Jahrhundert, ein wichtiger Geldgeber der Habsburger. Vor diesem Hintergrund von erster industrieller Produktion, Außenhandel und Bankgeschäft ist der Verzicht des heiligen Franziskus von Assisi zu sehen, der den ganzen Krempel hinwarf und sich, nackt auf dem Erdboden liegend, der Armut vermählte – ein Protest gegen das Geld wie später die zornigen Anklagen Dantes und die Reformbewegungen Wyclifs, Hus' und Luthers.

DIE STADT ALS NEUER LEBENSRAUM

In den kargen Zeiten des Frühmittelalters gab es eigentlich nur noch *ein* Zahlungsmittel: Land. Es gab nur noch *eine* Produktionsweise: die landwirtschaftliche Erzeugung, von Landbesitzern befohlen und kontrolliert, von Bauern ausgeführt. Wegen allgemeiner Unsicherheit und fortwährender Kleinkriege saß der Landherr auf einer Festung, Burg genannt, und schützte die Bauern, die er ausbeutete. Landwirtschaftsprodukte waren die Verkehrsmittel: Esel und Maultiere, und die Statussymbole: Pferde. Die Stadt war ein Schutzbezirk, der vom Land ernährt wurde. Nach der schützenden Burg hieß der Stadtbewohner Bürger.

In Italien waren die Städte älter, größer, gesicherter. Es bestand noch die Tradition der griechischen Polis, des römischen Municipiums. Das Gemeinschaftsbewußtsein gab ihnen Kraft, sich zur Außenwelt hin als Gemeinwesen abzugrenzen: „il comune", das Gemeinsame, so nannten sich diese italienischen Städte. Mauern und Türme kosteten viel, ebensoviel wie die Dome und Stadthäuser, die der Bürgerstolz hochsteigen ließ. Eine strenge Baupolizei, nicht aus Beamten, sondern aus Bürgern gebildet, sorgte dafür, daß die Stadt sich als Gesamtkunstwerk bildete. Was wir heute als Touristen im späten Abglanz bewundern, wenn wir durch die Gassen von Venedig und Florenz wandern, ist nicht von selbst „organisch" gewachsen, sondern die Frucht von Planung und Zusammenwirken. Die Städte waren keine ‚Demokratien', aber Gemeinschaftssache wenigstens der reicheren und angeseheneren Familien, mit Nachdrängen und Mitbeteiligung der Aufsteiger im Handwerksstand und Mitläuferei oder Murren des ‚Volkes', der kleinen Leute. Die Standestrennung war nicht unaufhebbar wie die zwischen Adel und Bürgertum, sondern ließ sich in der Auseinandersetzung, gewaltsam oder auf dem Kompromißwege, verschieben. Schließlich, bei 20000 oder 30000 Einwohnern, kannte jeder jeden, und so heftig der Familienstreit tobte, so tief die Parteiung sich einfraß, sooft der Streit sich in Mord und Totschlag, in der Verbannung und Vertreibung des Gegners entlud, man war doch unendlich stolz, Florentiner oder Genuese oder auch nur Bürger von Lucca oder Pistoia zu sein.

Die Vertretung der Bürger war der Rat, oft neben einem Großen ein Kleiner Rat, der die Regierung im engeren Sinne darstellte. Das Wort darf man ruhig in seinem Ursinne verstehen: wer im Rat saß, gab Rat, und aus vielen Ratschlägen destillierten sich am Ende Entschluß und Beschluß. Der römische Senat war einmal ein solches beratschlagendes Kollegium gewesen, und die im Rat Vertretenen fühlten sich bald als Patrizier wie einst die tonangebenden römischen Familien. Es entwickelte sich, stetiger als bei den Fürstenhäusern mit ihrer wirren Folge von Begabung, Schwachsinn, Roheit und Edelmut, so etwas wie Kontinuität in der Politik, eine kaufmännisch vorsichtige Expansion, wie sie die aristokratische Republik Venedig modellartig vorexerzierte, die ihr Reich bis nach Zypern und Kreta ausdehnen konnte. Als dann diese fernen, schwer zu haltenden Kolonien von den Türken erobert wurden, hielt sich Venedig auf dem Festland schadlos, dehnte sich bis zum Gardasee aus und wurde, reich, vornehm und elegant, die erste Luxus- und Amüsierstadt Europas. Im 18. Jahrhundert, der letzten und zartesten Blüte Venedigs, dauerte der Karneval als Stadtfest und Fremdenattraktion ein halbes Jahr, und im 19. Jahrhundert mußten wenigstens noch die Hochzeitsreisenden nach Venedig fahren, und Richard Wagner, der ungekrönte Opernkönig, lebte, komponierte und starb im venezianischen Palazzo Vendramin.

DIE STADT DER MEDICI

Venedig war mitten im Abendland ein Tor zum Orient, selbst beinahe so bunt und märchenhaft wie Bagdad und Damaskus. Wie ein Symbol war es zu nehmen, daß die Venezianer in ihrer Sturmzeit als Piraten den Leichnam des heiligen Evangelisten Markus aus dem ägyptischen Alexandria entführt und in ihren Dom gebracht hatten, dessen Goldkuppeln so deutlich auf den Osten weisen. Seitdem war der geflügelte Löwe ihr Zeichen, der heilige Markus ihr Patron.
Florenz hingegen mußte ohne Hafen groß werden. Es hatte nichts mit auf den Weg bekommen als einen schönen Namen: die Blühende. Weder in römischer noch in frühmittelalterlicher Zeit hat es eine Rolle gespielt. Dann machte es das Rennen, wurde blühend durch die Tüchtigkeit seiner Handwerker, welche die besten Tuche webten, und durch die Geschicklichkeit seiner Kaufleute und Bankiers, deren Geldverbindungen kreuz und quer durch ganz Europa liefen und viele Höfe mit dem Unentbehrlichen nährten. Eine einzige Kaufmanns- und Bankiersfamilie, die Medici, hat durch drei Generationen hindurch den Glanz von Florenz erhöht und ihn auf die Künste und die Wissenschaften, die Philosophie und die Wiederentdeckung des klassischen Altertums ausgedehnt. So wurde Florenz – eine Kleinstadt damals und eine Provinzstadt heute – eine der heimlichen Hauptstädte Europas, unter den heimlichen die schönste.
Daß die Medici am Anfang Bankiers waren, dann Mäzene und schließlich Philosophen, kennzeichnet einen sehr europäischen Vergeistigungsprozeß. Eine ähnliche Rangordnung läßt sich zwischen anfänglicher Geschäftsschläue, auf sie und aus ihr folgender politischer Klugheit und endlicher weitblickender Lebensweisheit aufstellen. In diesen Aufstieg, der doch zunächst nichts anderes war als der Erfolg der Rothschilds oder Rockefellers, flocht sich immer stärker der Rückblick auf die große römische und griechische Vorwelt, auf das Altertum, ein. Es wurde maß-gebend für Künste, Wissenschaften, Lebenspraxis und Weltanschauung, für das Abwerfen mittelalterlicher Zwänge, für die schöne Menschengestalt, den edlen gesellschaftlichen Umgang, die humane Bildung an der Hand der großen Geister der Antike, im ganzen also für einen nicht nur äußerlich verfeinerten Lebensstandard. Die Zeitgenossen selbst empfanden diese höhere Stufe ihres Daseins und Handelns gegenüber älteren und finsteren Zeiten und sprachen von ‚rinascita‘, von Wiedergeburt. Das Altertum war der Jungbrunnen, in dem diese ‚Renaissance‘ vollzogen worden war. Das Christentum selbst fügte sich in die neue Weltansicht, verband sich mit den Lehren Platons, und der Bildhauer Donatello stellte den biblischen David so strahlend nackt dar wie die Griechen ihre Jünglinge.
So glücklich war dieses Bemühen der Medici, daß selbst die italienische Politik, wirr und wüst wie eh und je, einen Augenblick lang den Atem anhielt – in einem System der Balance, des Ausgleichs der Kräfte, an dem vor allem Lorenzo de' Medici das Hauptverdienst hatte. Auch an anderen Höfen schien

die Bildung über das Interesse, der Geist über die Macht zu siegen. Goethe hat in einem seiner schönsten Dramen, dem ‚Torquato Tasso', etwas von dieser schwebenden Harmonie widergespiegelt. Reisende, die heute durch die Paläste und Museen wandeln, stellen sich die Fürsten, Herren, Prinzessinnen, Künstler der Renaissance gern als eine edle Prozession vor, würdig in wallenden Gewändern, so stolz und anmutig, wie Ghirlandaio, Botticelli, Donatello und auf dem Höhepunkt Raffael sie gestaltet haben.

MACHT, MACHIAVELLI UND MICHELANGELO

Tatsächlich ist dieses Bild – der Verein erlauchter Geister – nur die eine Seite der Florentiner Goldmünze. Auf der anderen hätte die gräßliche Szene abgebildet werden können, wie die Geschäftsrivalen der Medici, die Pazzi, während des Sonntagsgottesdienstes in dem Augenblick, als der Priester die Hostie zur Wandlung hochhob, mit Dolchen über die beiden jungen Medici, Giuliano und Lorenzo, herfielen, Giuliano niederstachen, Lorenzo nur verletzten, weil er sich ihnen rasch genug entwand. Die Ruchlosigkeit der ‚Renaissancemenschen' ist ebenso notorisch wie ihr subtiles Kunstverständnis, und wir haben aus der Entfernung Mühe, uns einen Reim darauf zu machen.
Aber wir sollten uns nicht zu sehr wundern, daß Emanzipation nicht nur goldene Früchte trägt. Die *kirchlichen* Bindungen waren durchgerostet, also blieben nur noch die *menschlichen* Tugenden und Laster in der Arena, einschließlich des Machttriebes, von dem selbst die Päpste Mann für Mann besessen waren. Sie vergaßen die Abspaltungsgefahren im Norden, den Türken im Osten, wenn es sich darum handelte, den Kirchenstaat zu vergrößern oder im Wettstreit der Mächte um den Zankapfel Italien eine Rolle zu spielen. Ihre Mittel waren nicht sauberer als die ihrer Nachbarn; Mord gehörte dazu. Einer, der dieses Treiben beobachtete, war der Florentiner Staatssekretär Machiavelli. Er zog nüchtern die Konsequenzen, notierte, wie man zweckmäßigerweise verführe, um Macht zu erlangen und zu behalten, und setzte Moral wie ein Mittel in die politische Rechnung, ein Mittel wie Geld oder Gift. Die raffinierte Art, mit der Cesare Borgia seine rebellischen Heerführer auf seine Burg einlud und umbringen ließ, hat er als ‚bellissimo', als besonders wohlgelungen, gerühmt. Machiavelli war kein skrupelloser Immoralist, er hatte durchaus das Wohl und die Größe Italiens im Auge, aber der Himmel über diesem Italien war eingestürzt.
Leonardo da Vinci, der größte Künstler der Hochrenaissance, hat nicht nur das Lächeln der Mona Lisa gemalt, sondern auch die Grimasse des Bernardo Bandini-Baroncelli gezeichnet, eines der Verschwörer und Mordgesellen, die Lorenzo hängen ließ. Der Schrecken war immer gegenwärtig, längst war die freie Stadtherrschaft durch die despotische Regierung von Familienclans abgelöst worden, durch Usurpatoren, die überall, in Mailand und Perugia und Rimini und Neapel, schon deshalb ein Schreckensregiment aufrichten mußten, weil Mitglieder anderer Clans oder der eigenen Familie nur darauf warteten, sie zu beerdigen und zu beerben. Terror und Attentate waren an der Tagesordnung, in Koalitionen ging man geläufig von der einen zur anderen Seite über, wenn bessere Bedingungen

winkten. Es bildete sich der Typus des Kriegs-Unternehmers, des Condottiere oder Söldnerführers, heraus, der seine Truppen an den Meistbietenden vermietete und, wenn er Glück hatte, schließlich selbst ein Fürstentümchen ergatterte. Auch die Freiheit von Florenz ging schließlich unter; während die großen Medici, Giovanni, Cosimo und Lorenzo, sich als Bürger unter Bürgern gegeben hatten, auch wenn der Staat nach ihrem Willen am Schnürchen lief, ließ sich ihr Nachfolger Alessandro zum Herzog von Florenz erheben, und eine Generation später wurden die Medici Großherzöge der Toskana. Die Republik ging nicht sang- und klanglos zugrunde. Sie wehrte sich gegen Papst und Kaiser ihrer Haut, und einer ihrer Söhne, Michelangelo Buonarroti, damals schon ein hochberühmter Künstler, leitete als Festungsingenieur die Verteidigungsarbeiten. Nach dem Fall der Stadt ging er nach Rom, wählte die Päpste als Auftraggeber und die reformatorisch gesinnte Vittoria Colonna zu seiner Geistesfreundin. In seiner gewaltigen Figur vollendet sich die Renaissance und stirbt ihr Zeitalter ab. Die Kuppel von Sankt Peter ist ein letzter genialer Wurf, so vollkommen in der Form, daß ihre Wucht nicht lastet, ihre Masse nicht bedrückt. Aber in dem asketischen, grollenden und grübelnden Mann waren die Emotionen stärker als die Lust an der Harmonie: der Trotz im David, der Zorn im Moses und die Verdammung der Zeit in dem Riesenfresko des ‚Jüngsten Gerichts' in der Sixtinischen Kapelle. Der Einsiedler Michelangelo starb 1564. Die Welt hatte sich in seinen letzten Lebensjahrzehnten ge-

Leonardo da Vinci, Zeichnung für das Reiterstandbild des Francesco Sforza.

wandelt. 1527 war ein schreckliches Strafgericht über das kunstblühende päpstliche Rom ergangen, der ‚Sacco di Roma', die Plünderung der Heiligen Stadt durch die Landsknechte des Kaisers. Der Ablaß, den der Medici-Papst Leo X. für den Bau von St. Peter hatte ausschreiben lassen, hatte den Mönch Martin Luther auf den Plan gerufen, und was zunächst nur eine harmlose Abspaltung im hohen Norden schien, eine der vielen bald erstickten Revolten, verwandelte sich in die größte Abfallbewegung, der sich die katholische Kirche je ausgesetzt gesehen hat.

BAROCKE GEGENWELT

So zeitgemäß-korrupt das Papsttum der Renaissance war, so radikal weltverändernd war die Gegenoffensive, die es nun entfaltete. Es bedurfte einer extremen Herausforderung, um Frömmigkeit, Klugheit, Entschlußkraft zu mobilisieren. 1517 hatte Luther seine Thesen angeschlagen, ein bis dahin unbekannter Theologieprofessor, 1530 war halb Deutschland protestantisch, ein Jahr später fiel England ab. Aber schon 1540 wurde der Jesuitenorden bestätigt, 1542 die Inquisition wieder eingesetzt, 1545 begann das Erneuerungskonzil von Trient. Schon vorher waren die neuen Orden der Theatiner, Kapuziner, Paulaner und Ursulinen entstanden, die Schulen wurden als Arbeitsfeld und Eroberungsstützpunkte entdeckt, die Jesuiten übernahmen die Universitäten. Die fürstliche Familie der Borromäer stellte als geistliches Vorbild gegenreformatorischen Priestertums den heiligen Carlo Borromeo, Erzbischof von Mailand, in Rom wirkte der Gründer der Oratorianer, Filippo Neri, der wegen seiner Heiterkeit Goethe gefiel. Zwei Begriffe, die heute noch an der Tagesordnung sind, kamen damals zu besonderer Bedeutung: Protest und Propaganda. Die Luther-Anhänger, die Evangelischen, protestierten gegen das kaiserliche Unterdrückungs-Edikt und nannten sich seitdem Protestanten; der Papst gründete als wirksamste Missionswaffe gegen Ungläubige und Ketzer die ‚Congregatio de Propaganda Fide', die Kongregation zur Glaubensverbreitung, kurz Propaganda genannt.

War der Katholizismus vorher eine Sache der Natur, man war hineingeboren und wußte es nicht anders, so gewannen nun Wille, Bewußtheit, Kampfentschlossenheit das Hauptgewicht. Ähnlich geharnischt mußten sich die Gegner geben, anderthalb Jahrhunderte waren durch Religionskriege und Religionswerbung ausgefüllt. Auch die Künste mußten nun wirken: durch Überredung und Gewalt, durch Süßigkeit und Überlebensgröße, durch das Aufgebot aller Herrlichkeit und Majestät. Die Gefahr, daß am Ende nichts als kalte Pracht, als aufgesetzter Pomp daraus würde, ließ sich dabei nicht ausschließen. Im ganzen hat der italienische Barock aber die Form- und Ausdrucksschönheit der Renaissance weitergeführt. Die Kolonnaden von Sankt Peter, die Bernini schuf, sind dem großen Plan Michelangelos ebenbürtig. Der Kunstprimat, den die Italiener in zwei Jahrhunderten errungen hatten, setzte sich in den folgenden Epochen fort. Überall in Europa wurde italienisch gebaut, gemalt, stukkatiert, gesungen, getanzt und musiziert. Tiepolo hat die Würzburger Residenz ausgemalt, die Barberina war am Hof Friedrichs des Großen die Primaballerina, und Mozart mußte nach Italien reisen und seine Opern italienisch schreiben, zur rechten Weihe seiner Genialität.

DIE STÄDTE ITALIENS

gehen fast alle auf antike Gründungen zurück. Überall stößt der Besucher auf Baureste vor allem der Etrusker, Römer und Griechen.

Etruskisches Stadttor in Perugia

Für das Bergland Italien ist typisch, daß vor allem Städte mit reicher geschichtlicher Vergangenheit auf Bergkuppen liegen, was ihre Verteidigung erleichterte. Auch Rom wurde auf Hügeln erbaut, die durch Mauern verbunden waren, in die auch das mächtige Grabmal Kaiser Hadrians, heute bekannt als Engelsburg, einbezogen war. Als Festung der Päpste trotzte die Engelsburg vielen Angriffen äußerer und innerer Feinde.

Blick auf Rivello in Lukanien

Folgende Seite: Die Engelsburg in Rom

DIE STADTREPUBLIKEN ITALIENS,

die sich – vergleichbar den Stadtstaaten Altgriechenlands – seit dem späten Mittelalter als Adelsrepubliken entwickelten, verhinderten zwar die Bildung eines italienischen Nationalstaates, waren aber Kulturzentren der geistigen und künstlerischen Entwicklung der Renaissance.

Die Geschlechtertürme der Stadt S. Gimignano

Mailand war die führende Macht in Norditalien und Haupt des lombardischen Städtebundes im Kampf gegen Friedrich Barbarossa. Mailand ist heute die industrielle Hauptstadt Italiens. Und Mailand ist bis heute die Stadt des hl. Ambrosius, des ältesten der großen Kirchenlehrer, der in der Krypta der von ihm begründeten Kirche Sant'Ambrogio beigesetzt ist. Auch das „Paliotto", die Bekleidung des Hochaltars, zeigt Szenen aus dem Leben des Ambrosius neben Bildern vom Leben Jesu.

Hof der Basilika Sant'Ambrogio in Mailand

Mittelteil des „Paliotto" von Sant'Ambrogio

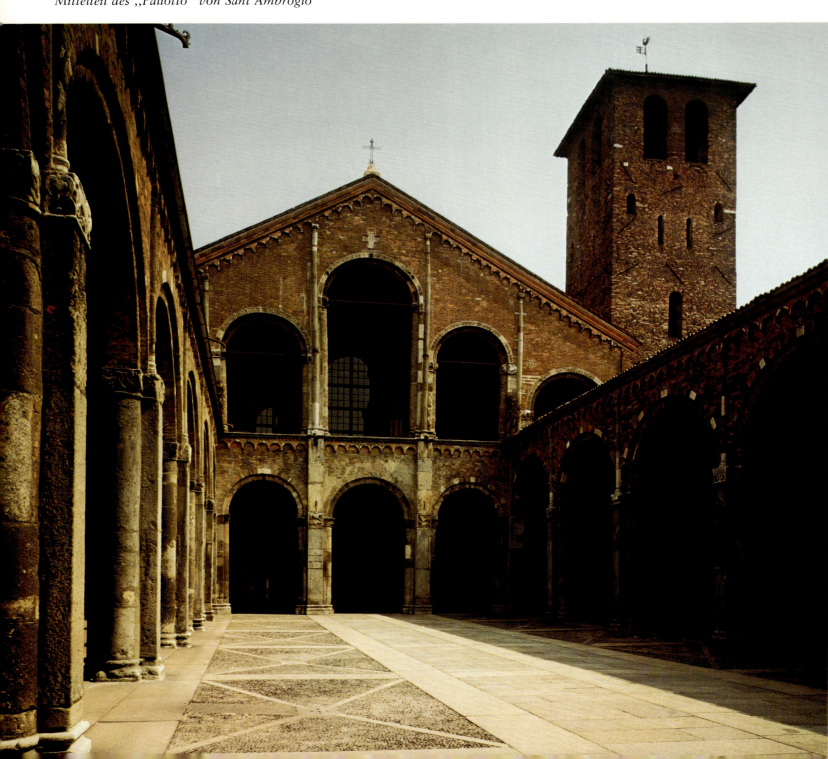

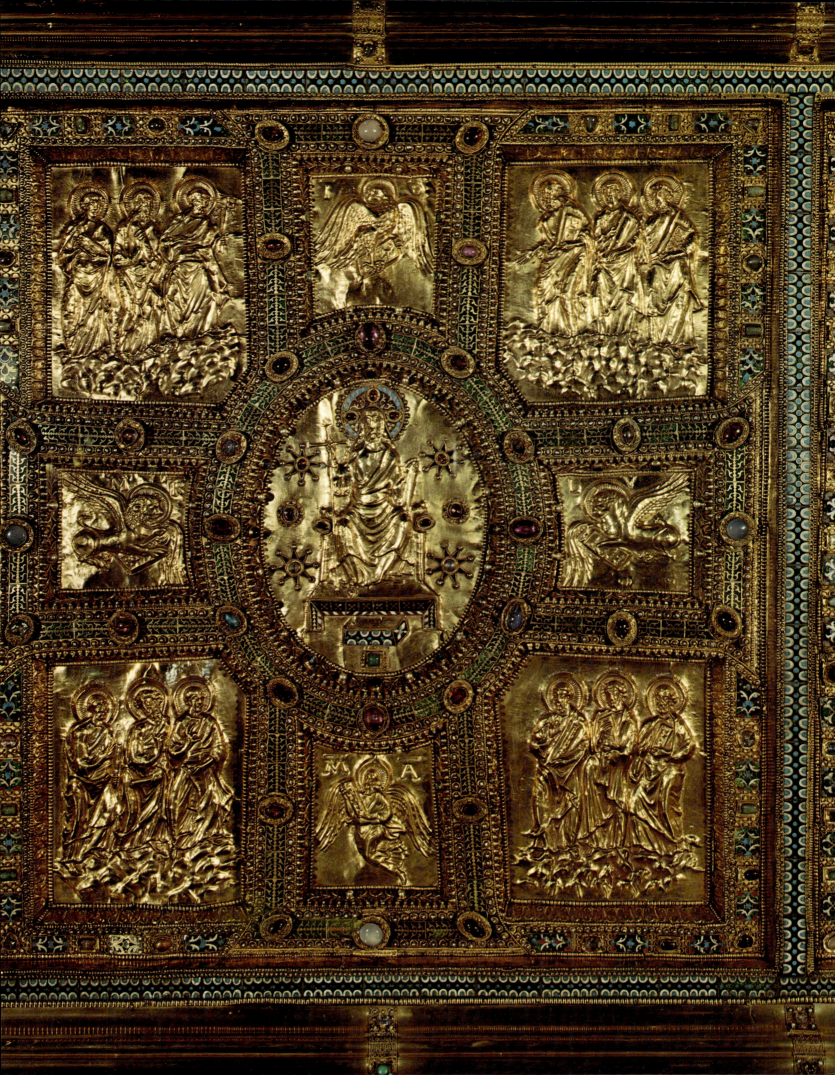

Auch Verona, die Hauptstadt der Provinz Venetien, ist eine alte Römersiedlung, deren Stadtpatron, dem heiligen Bischof Zeno, eine prachtvolle romanische Basilika geweiht ist. In Assisi, der Stadt des italienischen Nationalheiligen Franziskus, erinnern nicht nur die Grabkirche S. Francesco und das mächtige Klostergebäude an den Gründer des Bettelordens, sondern die ganze Stadt mit ihrer mittelalterlichen Anlage und das umliegende Land Umbrien erzählen von Franziskus und seinem Leben.

Portal der Basilika S. Zeno in Verona

Blick auf Assisi

Der Marktplatz von Siena, die Piazza del Campo, mit dem von dem schlanken Turm überragten Rathaus kennzeichnet die Bedeutung dieser toskanischen Stadt, die lange die Konkurrentin von Florenz war. Ähnlich trat auch Pisa, eine ehemalige Seestadt, die einst Sardinien und Korsika beherrschte, in den Schatten des aufstrebenden Florenz. Die romanische Baugruppe von Dom, Baptisterium und Campanile, wegen der Verwendung weißen Marmors „Akropolis der Toskana" genannt, gehört zu den besuchtesten Kunststätten Italiens.

Piazza del Campo und Rathaus von Siena

Domapsis und Campanile („schiefer Turm") von Pisa

Florenz, die Hauptstadt der Toskana, verdankte ihren wirtschaftlichen und politischen wie künstlerischen Aufschwung der Familie der Medici, die Humanismus und Renaissance als Mäzene tatkräftig förderten und die Stadt neben Rom, dem die Medici durch zwei Päpste ebenfalls ihren künstlerischen Stempel aufprägten, zur Kunstmetropole Italiens erhoben.

Lorenzo Medici im Zug der drei Könige, Fresko von Benozzo Gozzoli im Palazzo Medici Riccardi

Blick über den Arno auf Florenz mit dem kuppelgewölbten Dom in der Mitte

Venedig, Italiens dritte Kunststadt von Weltruf, ist schon durch seine von Hunderten von Kanälen durchzogene Lage eine Besonderheit. Im Zeichen des Markuslöwen, Wahrzeichen der Stadt, beherrschten venezianische Kaufleute, Soldaten und Matrosen im Mittelalter das Mittelmeer. Die zahlreichen Paläste bezeugen den Reichtum dieser glänzendsten Handelsstadt des Abendlandes, die ihre Mittel sowohl zur Förderung von Künsten und Wissenschaft verwendete, wie sie – durch Söldnerheere unter fähigen Condottieren und geschickte Flottenpolitik – umworbene Partnerin der Fürsten Europas war.

Der Markuslöwe am Torre di Orologi in Venedig

Denkmal des venezianischen Condottiere „Gattamelata" in Padua

Fassade des Palastes Cà d'Oro am Canal Grande

Folgende Seite:
Basilika Santa Maria della Salute, errichtet zum Dank für das Ende der Pestepidemie von 1630

FRANKREICH:
GLOIRE UND RAISON

Als das Reich des großen Kaisers Karl geteilt wurde, ging die Kaiserkrone an die östliche Hälfte über, an das Land, das später Deutschland hieß. Die westliche Hälfte erbte dafür den Namen: sie heißt noch heute Frank(en)reich. Die Franken, ein aus dem Gebiet der Rhein- und Maasmündung nach Südwesten und Südosten vorgerückter germanischer Stamm, besiedelten allerdings nur das heutige Belgien und Nordostfrankreich. Sie gaben ihren Namen der Landschaft nördlich von Seine und Marne, die später wegen der vielen Flüsse, die sie umfließen, Ile-de-France genannt wurde, und von einem Seine-Inselchen inmitten dieser Flußlandschaft aus bauten sie aus bescheidenen Anfängen die eine große Hauptstadt auf, den Mittelpunkt eines wachsenden Staates, der schließlich eine Weltmacht werden sollte: Paris.

Die Kontinuität dieses Wachstums ist erstaunlich. Die lange Reihe der Könige gehört nur wenigen Dynastien an: ein Karl nach dem anderen (nach dem Vorbild Karls des Großen), ein Ludwig nach dem anderen (nach dem ersten großen Frankenkönig Chlodwig), zehn Karl, achtzehn Ludwige. Später wurden die Kaiser und die Republiken durchgezählt, bis zur heutigen, der fünften. Staunenswert auch die Konzentration von Macht und Geist auf den paar Quadratkilometern der Seine-Ufer von Paris: Notre-Dame und die Sainte-Chapelle, der Louvre und die Tuilerien, die Sorbonne und das Quartier Latin, das Palais de l'Élysée, der Sitz des Präsidenten, und die Abgeordnetenkammer, der Bastilleplatz und der Invalidendom, in dem Napoleon ruht. Selbst das Denkmal des absoluten Königtums, das sich bewußt von der Stadt distanziert, Versailles, ist nur einen Katzensprung weit weg. So sehr ist Paris das Zentrum des Sechsecks Frankreich, daß der Blick auf die Karte, der es als Stadt im Norden des Landes ausweist, immer wieder verblüfft.

Diese stolze Einheit und Einheitlichkeit war dem Frankenland keineswegs an der Wiege gesungen. Längst vor den Franken hatten die Gallier das Land besiedelt, ein Zweig jenes Keltenvolkes, das, urverwandt mit Griechen, Römern und Germanen, sich am weitesten über Europa ausgedehnt hatte – von der Poebene und Süddeutschland bis nach England und Irland. Die Kelten sind aus dem Bewußtsein Europas verschwunden, weil ihre Sprache nur noch in Randgebieten gesprochen wird, aber sie sind ganz sicher ein wichtiger Bestandteil all der Völker geblieben, die auf ihrem Gebiet die Herrschaft übernahmen. Als Cäsar Gallien für das römische Imperium eroberte, leisteten sie zunächst hartnäckig Widerstand, aber dann gliederten sie sich überraschend schnell in das Römerreich ein und vergaßen ihre Sprache und ihre Bräuche. Man kann das mißbilligen, aber auch ein Zeichen besonderer Intelligenz darin erblicken, denn die römische Zivilisation war ihrer archaisch gebundenen weit überlegen. Bis heute streiten sich Franzosen und Italiener, wer von ihnen die besseren Erben der Antike seien. Hinzurechnen muß man allerdings, daß der südliche Küstenstrich schon lange vorher römisch geworden war: die erste *Provinz* außerhalb Italiens, und noch heute heißt diese altrömische Landschaft Provence. Auch die Phoiniker und die Griechen waren schon da gewesen, und nicht ganz nebensächlich für diese uralte Kulturlandschaft ist es auch, daß da dreißigtausend Jahre vor unserer Zeitrechnung schon in Höhlen kunstvolle Zeichnungen von Jagdtieren entstanden, von Menschen entworfen, deren Namen und Volkszugehörigkeit wir nicht kennen, deren besondere Begabung aber heute noch von den Wänden abzulesen ist.

KETZER UND KATHEDRALEN

Wer heute durch Frankreich fährt, verfällt leicht dem Irrtum, daß der Süden gegenüber dem Norden zurückgeblieben sei, eine Touristenlandschaft, während Geist und Industrie sich im Norden konzentrieren. In Wirklichkeit war der romnahe Süden mit seinem milden Klima, seinen alten Städten und seiner nie ernsthaft unterbrochenen christlich-antiken Überlieferung dem Frankenkönigreich des Nordens zunächst turmhoch überlegen. Und zu dem alten Bildungserbe trat als neuer Zufluß die maurische Kultur Spaniens, die an den Pyrenäen kaum ein Hindernis fand. Man sprach schließlich auch eine andere Sprache als die Herren aus dem Norden, sagte ‚oc' und nicht ‚oui' statt ‚ja', und nannte diese eigene Sprache also ‚langue d'oc'. Den glänzenden Mittelpunkt dieser Landschaft bildete die Stadt Toulouse, die auch heute noch mit ihrer südlichen Lebenslust und Lebensluft das kräftigste Gegengewicht der Provinz gegen die Hauptstadt bildet.

In der alten Landschaft Aquitanien, zwischen den Städten Toulouse, Limoges und Poitiers, entfaltete sich früh eine zuerst klösterliche, dann höfische Kultur, und im Jahr 1071 kam dort der erste Troubadour auf die Welt: Wilhelm IX., Graf von Poitiers und Herzog von Aquitanien, ein wilder Liebhaber und ein großer Minnesänger. Der Troubadour war, wörtlich übersetzt, ein Erfinder – ein Erfinder nämlich von Melodien und der Texte dazu, und der Herzog von Aquitanien trieb diese Kunst der Liebesdichtung wie viele hohe Herren nach ihm als fürstliche Liebhaberei, halb übermütig, halb demütig. Denn so sah es damals mit den Frauen aus: sie waren Objekte, wurden nach politischem Nutzen verheiratet oder verstoßen. Aber in dem Maße, in dem sich die Kultur verfeinerte, gewannen sie eine neue Position, nämlich eine Art Schiedsrichtertum über höfisches Benehmen, und so plazierten sie sich als Herrinnen (domina = donna, dame; frouwe = Herrin) über dem Streit und rauhen Gebaren der Kriegerkaste und wurden in Preisliedern verehrt. In der Minnedichtung flossen Werbung und Verehrung, Huldigung und Hoffnung auf Liebeserhörung zusammen, in einer Mischung von Spiel und Ernst, die für uns heute nur noch schwer nachzuvollziehen ist. Wilhelm IX. war auf einem Kreuzzug auch im Orient gewesen; da hatte er manches von dem Damenkult der Araber, aber auch von ihrer Liebeskunst abgesehen. Jedenfalls trank er gern im Kreis von Berufsschauspielern, ein erster Bohémien, und richtete sich ein ‚Klösterlein', nämlich einen Harem, ein.

Die provenzalische Kultur, die mit diesem gar nicht frommen Herrn beginnt, ist die erste volkssprachliche in den Nachfolgeländern des lateinischen Imperiums. Sie beruhte auf dem Ausgleich zwischen Adel und Bürgertum, der dem Wohlstand beider zugute kam, und führte zu einer seltsamen religiösen Praxis, die sich grundlegend von der üblich-katholischen unterschied. An die Stelle des Klerus traten besonders fromme, asketisch lebende Männer, die sogenannten ‚Reinen' (Katharer); alle anderen lebten unbekümmert in den Tag und mußten sich nur rechtzeitig vor dem Tod das einzige Sakrament, ‚consolamentum' (Trost) genannt, von einem der Reinen besorgen. Tatsächlich war diese Praxis der Katharer für die Kirche eine gefährliche Irrlehre, denn die gesamte Bevölkerung entzog sich so ihrem Einfluß, und da es ziemlich aussichtslos war, das ganze lautlos entglittene Südwestfrankreich wieder durch die guten Worte der Predigt auf den Weg der Rechtgläubigkeit zurückzuführen, wurde gegen diese Katharer oder Ketzer ein Kreuzzug eingeleitet, unter Führung nordfranzösischer Barone, die nicht nur den Sieg des Glaubens im Sinne hatten, sondern auch Land und Beute. Der von einem spanischen Kleriker gegründete Orden der Dominikaner trug mit einer neuen Frömmigkeit, aber auch mit den peinlichen Methoden der Inquisition dazu bei, das eroberte und gebrandschatzte Gebiet wieder zu katholisieren. Die weltliche Minne wurde auf die Marienverehrung umgeleitet, die Rosenkränze, die man zum Tanz trug, verwandelten sich in lauter Ave-Marias. Aus den tüchtigen Eroberern des Dominikanerordens gingen dann die großen Theologen des Mittelalters, Albertus Magnus und Thomas von Aquin, hervor.

Höfisches Gespräch. Miniatur „der Monat April" aus dem Stundenbuch der Brüder Limburg für den Duc de Berry.

Die wilden Kriegsherren aus dem Norden hatten die Städte der Provenzalen zerstört, aber ihre Kultur vererbte sich weiter und eroberte ihrerseits den Norden. Die Enkelin des sanges- und weiberfrohen Wilhelm von Poitiers, Eleonore von Poitou, eine der großen Frauengestalten der Weltgeschichte, heiratete erst den König von Frankreich, dann den Herzog von Anjou und König von England, Heinrich II. Auf alle ihre Kinder übertrug sie die noblen Passionen des höfischen, ritterlichen Lebensstils: auf den kühnen Richard Löwenherz, den abenteuernden Johann ohne Land und nicht zuletzt auf die vorzüglich verheirateten Töchter, die in der Champagne und im fernen Braunschweig Heinrichs des Löwen dafür sorgten, daß man Minne lernte.

So, auf dem Weg von Süden nach Norden, angeregt durch die Kreuzzüge, getragen durch eine breite Schicht von Adligen, denen das Bürgertum folgt, entsteht die erste Blüte der französischen Kultur, die gleichzeitig ein Höhepunkt der mittelalterlichen ist. Ihr herrlichstes und dauerhaftestes Symbol sind die Kathedralen, die seit 1140 in einem neuen, von den Zeitgenossen als modern empfundenen Stil erbaut wurden, den wir heute ‚gotisch‘ nennen. Die Ausbreitung dieses neuen Stils hängt eng mit dem Aufstieg des französischen Königtums zusammen: Abt Suger von Saint-Denis, der Königsabtei, hat ihn ‚erfunden‘, und überall, wo der König politisch Fuß faßte, wurden Kathedralen gebaut. Sie bildeten als Gesamtkunstwerk, vor allem mit dem einfallenden Himmelslicht, mit dem Edelsteinglanz der Fenster und mit der sie durchtönenden, ebenfalls ‚modernen‘ polyphonen Musik, ein Sinnbild nicht nur göttlichen, sondern auch königlichen Glanzes, ein himmlisches Jerusalem auf Erden. Der König repräsentierte diese Gottesstellvertreterschaft, und es war kein Zufall, daß der fromme und strenge Ludwig IX. auf Betreiben seines eher schurkischen, aber politisch weitsichtigen Nachfolgers Philipps des Schönen zum Heiligen erhoben wurde.

So bedeutsam für die Folgezeit wie diese kühne, aber kühl und klar durchkonstruierte Kirchenarchitektur war das neue System der Wissenschaftsgliederung, des Studiums, das sich an die Begründung der Universität Paris anschloß. Hohe Schulen gab es schon früher, in Italien und im maurischen Spanien, aber erst das Pariser *Studium generale* bot alle Fakultäten und einen umfassenden Lehrbetrieb. So konnte der Spruch entstehen, daß bei der Verteilung der Güter Deutschland das Kaisertum zugefallen sei, Italien das Papsttum, Frankreich aber das Studium, wir würden heute die Bildung sagen. Aus dieser frühen Zeit stammen die Vorstellung und der Anspruch, daß die französische Kultur durch Esprit und Eleganz, durch Klarheit der Formen und Präzision des Denkens allen anderen überlegen sei. Hier, in Paris, feierte die Theologie und die neue Philosophie der Scholastik ihre Triumphe; Italiener, Deutsche, Engländer haben hier die Meisterschaft des Denkens und Disputierens entwickelt. Es lag nahe, diesem Bildungsvorsprung auch den politischen Primat hinzuzuerobern, auch das Reichserbe Karls des Großen heimzuholen, das Kaisertum an den Königsnamen anzuschließen. Schon wählte der Vorgänger des heiligen Ludwig, Philipp, den Kaiserbeinamen Augustus, und seinem Nachfolger, Philipp IV., dem Schönen, gelang das Ungeheuerliche: er zwang den Papst, seine Residenz von Rom nach Frankreich, nach Avignon, zu verlegen, unter seinen Schutz und Schirm.

Daß es nicht so großartig weiterging, war wiederum jener Königin Eleonore zu verdanken, die der südlichen Kultur geholfen hatte, den Sprung nach Norden zu tun. Aus ihrer zweiten Ehe mit dem König von England erwuchsen Erbansprüche Englands auf jenen aquitanischen Südwesten, den sie mit in die Ehe gebracht hatte, und in kurzem standen englische Feudalherren mit ihren Truppen in dem südlichen Landstrich, den einst die katharischen Herren und Bürger gegen die Franzosen aus dem Norden verteidigt hatten. Es zog eine Zeit schaurigsten Bürgerkrieges herauf, denn wer in Frankreich gegen die Krone und den König war, verbündete sich eilig mit den Engländern, so vor allem der mächtige Herzog von Burgund. Der Krieg oder vielmehr die Kette von Unruhen, Feldzügen, Plünderungen, Überfällen, Mordtaten, die so heißt, dauerte rund hundert Jahre. Er sah die schlimmste Herabwürdigung der französischen Krone, Verfall und Not und ihren größten Augenblick, als der Himmel selber ein Einsehen hatte und dem schwächlichen König eine tapfere junge Frau zur Rettung schickte, Jeanne d'Arc. Das lothringische Bauernmädchen im Panzer, das den König in seine heilige Krönungs- und Salbungsstadt Reims führte, schließt auf seine Weise ein Stück französischer Geschichte ab, das mit dem heiligen König Ludwig begann. Als Ketzerin verbrannt, ist sie die französische Nationalheilige geworden.

DAS ABSOLUTE KÖNIGTUM UND DIE ABSOLUTE VERNUNFT

Die Wirren waren nicht zu Ende, als die Engländer schließlich wieder vom französischen Boden verdrängt waren. Es schlossen sich die Religionskriege zwischen Katholiken und Kalvinisten, auch Hugenotten genannt, an. Solche Kriege waren, wenn nicht eine der beiden Parteien schnell gesiegt hatte wie in Spanien, Italien und Skandinavien, das Schicksal Europas im 16. und 17. Jahrhundert. Sie endeten in Deutschland mit der Schwächung des Reiches, das konfessionell zerrissen blieb, in Frankreich und England mit der Stärkung des Königtums, das mit einem der konkurrierenden Bekenntnisse paktiert hatte. Das waren in England die Protestanten, in Frankreich die Katholiken. Beiden Ländern gemeinsam war aber die Stärkung des Nationalbewußtseins, der Unabhängigkeit auch gegenüber der römischen Kirche, und so tritt neben die uns geläufige englische Spielart der romfreien Kirche, den Anglikanismus, der Gallikanismus als die Unabhängigkeitsgeste der französischen Kirche, die sich immer stärker am nationalen Königtum orientierte.

Zum Schluß bildete sich, in der zweiten Hälfte des 17. Jahrhunderts, die Form heraus, die wir das *absolute* Königtum nennen, unter dem gravitätischen Ludwig XIV., der, perückengeschmückt und hermelinmantelumwallt, inmitten seiner Höflingswelt in Versailles residierte. Der Titel des Sonnenkönigs, den er trug, war nicht nur eine Schmeichelei. Er war der Mittelpunkt eines Planetensystems, das um ihn kreiste, und kein Papst trat zwischen Gottes Gnade, die ihn berufen hatte und hielt, und den Herrscher selbst. Seine Machtvollkommenheit war zwar so groß wie die eines orientalischen Despoten, aber er konnte sie nicht mißbrauchen, denn „*L'État c'est moi*", „Der Staat bin ich", und der Staat konnte sich selbstverständlich nur würdevoll aufführen, weise und gerecht. Ganz konsequent wurde der König im Lauf seiner Regierungszeit immer frommer, und die Untertanen mußten sich dem anpassen. Aber die Franzosen waren in diesen letzten Jahren des ‚Grand Siècle' schon so spöttisch-aufgeklärt, daß die neue Frömmigkeitswelle auf dem Theater lächerlich gemacht werden konnte, durch die unsterbliche Figur des Tartüff, des scheinheiligen Heuchlers, den der größte Lustspieldichter Europas, Molière, auf die Bretter stellte.

Zum zweitenmal rückte in dieser großen Epoche Frankreich nach vorn, an die Spitze der Kulturnationen. Zum Regierungsprogramm des großen Ludwig gehörte es, daß nicht nur an den Grenzen gesiegt wurde, sondern daß am Hof alle Sparten der Kultur blühten, von der Dichtung bis zur Musik. So hatte es ja Kaiser Augustus einst vorgemacht. Auch die Sprache mußte sich vervollkommnen, dafür sorgte die vom größten Staatsmann Frankreichs, Richelieu, begründete Académie française. Wer im übrigen Europa auf sich hielt, begann französisch zu parlieren, und es sah so aus, als ob das biegsame Französisch das schwerfällige Latein als Wissenschaftssprache ablösen würde. Der erste große deutsche Philosoph, Gottfried Wilhelm Leibniz, hat sein Hauptwerk, die ‚Theodizee', französisch geschrieben.

Die französische Klassik, die sich an den Namen und Glanz Ludwigs XIV. knüpft, ist ein imposantes Gesamtschauspiel, bei dem neben den majestätischen Vertretern auch die heiter-eleganten nicht fehlen.

Ballett zur Zeit Ludwigs XIV. im Park von Versailles. Der König selbst als Apollo auf dem Sonnenwagen. Stich von J. Sylvestre (um 1664).

Aber die kräftigsten Schritte, die der französische Geist in dieser Zeit vollzog, wurden nicht am Leitseil der Königshuld getan. Sie waren geschichtlich folgenreicher als selbst die absolute Monarchie, denn sie setzten an deren Stelle schließlich die absolute Vernunft, und darin sind sie die Vorläufer aller späteren Aufklärung und Emanzipation. Drei Namen sind hier zu nennen. Der früheste, Montaigne, der Verfasser der ‚Essais‘, ist zugleich der ungebundenste, ein lächelnder Skeptiker, der die Welt am eigenen Beispiel ohne Vorurteil studiert. Der Philosoph Descartes wagte es, mit dem berühmten ‚Discours de la méthode‘ die Vernunft auf sich selbst zu stellen und von aller Offenbarung zu lösen. Pascal schließlich, ein mathematisches und philosophisches Genie, entdeckte eben im Studium der undurchdrungenen Natur und des mathematischen Unendlichen von neuem Gottes Größe und Gewalt. Auch dieser mystisch fromme Gläubige war nicht mehr in die alten Grenzen braver Kirchlichkeit zurückzubannen.

‚ALLONS, ENFANTS DE LA PATRIE‘

Die beiden letzten Jahrhunderte der französischen Geschichte sind in ihrem Ablauf so tumultuarisch, so rasch wechselnd in Höhepunkten und Katastrophen, daß man sie nicht einmal zum Überblick gerafft nacherzählen kann. In ihr lösen sich, wie am Modell zu studieren, alle politischen Formen von Dauer und Wechsel, von Verfassungen und Systemstürzen ab: Revolution und Staatsstreich, Kommune und Militärdiktatur, parlamentarische Demokratie und Volksdemokratie, Imperialismus und Volkskrieg, Kolonialherrschaft und Besetzung durch den Feind, Aufstand, Kollaboration und Widerstand. Die Große Französische Revolution von 1789 hat unsere bürgerliche Welt geschaffen, aber ihr zugleich die Unruhe, die Veränderungssucht eingeimpft, an der sie vielleicht eines Tages zugrunde gehen wird.

Das alles hat der unscheinbare Philosoph Descartes in Gang gebracht, als er die Vernunft für autonom erklärte. Aus dem Samenkorn wuchs im 18. Jahrhundert der breitverzweigte Baum der Aufklärung, der sich als ein neuer Baum der Erkenntnis und des Lebens präsentierte. Dabei war das Wort ‚Aufklärung‘ durchaus wörtlich zu nehmen, als Licht, das in die Finsternis schien wie einst das Licht des Johannesevangeliums. Nur daß diesmal die Religion selbst das Dunkel in den Köpfen hergestellt hatte, das nun mit mächtigen Scheinwerfern zu vertreiben war. Da zu Beginn des Jahrhunderts die alten Autoritäten noch fest im Sattel saßen, gingen die Aufklärer zunächst vorsichtig vor: an die Stelle der absoluten Monarchie sollte die durch Verfassung eingeschränkte treten, an die Stelle des alten Wunder- und Willkürgottes ein vernünftiges höchstes Wesen, das auch den Menschen vernünftig geschaffen hatte, um ihn nun endlich im Jahrhundert der Helligkeiten sich selbst zu überlassen. Später radikalisierten sich die Forderungen: Thron und Altar waren abzuschaffen, Gott zu pensionieren. Die Intellektuellen waren zum erstenmal auf der Seite der Systemveränderung, denn das Königtum war schwach, der Adel spielte mit bei der Untergrabung seiner Privilegien, und der Geist zeigte sich nun so findig im Unterminieren, wie er es vorher im Ausschmücken und Illuminieren der Monarchie gewesen war. ‚Freiheit' und ‚Gleichheit' waren als Kampfparolen ausgegeben, und erst als aus der Theorie die Praxis der Revolution wurde, zeigte sich, daß beide einander widersprachen und so auseinanderklafften wie Typus und Habitus ihrer Verkünder: des geistreichen Liberalen Voltaire und des schwärmerischen Volksmannes Rousseau.

Die Revolution selbst vom Sturm auf die Bastille bis zum Staatsstreich Bonapartes, der ihr den Garaus machte, ist für Franzosen und Nichtfranzosen ein zwiespältiges Geschehen geblieben. Sie hat in atemraubender Folgerichtigkeit eine Revolution nach der anderen aus sich erzeugt: 1830, 1848, 1871, 1917/18, und Marx und Mao, Lenin und Trotzki, Fidel Castro und Ché Guevara betrachten sich als ihre Kinder. Sie ist das epochale Ereignis, das unsere Zeit mit Trompetensignalen und Kanonendonner eröffnet hat. Aber gerade Frankreich verdankt ihr nicht nur die Bürgerrechte und viele Vorzüge eines modernen Regimes, das ein morsches und marodes ablöste, sondern die scheußliche Schreckensherrschaft der Radikalen und das Millionen von Menschenleben verschlingende Dauerblutvergießen der napoleonischen Kriege, samt allen folgenden Umstürzen, Verwirrungen und Verfassungswechseln. Der Terror ist seit 1791 nicht mehr der Machtmißbrauch von Tyrannen, sondern ein Regierungsrezept und eine kühl kalkuliert eingesetzte Unterdrückungsmaschinerie. Die Technik half ihrerseits, indem sie zum erstenmal mit der Guillotine ein Schnellhinrichtungsinstrument zur Verfügung stellte. Alles in allem genommen, wird man die amerikanischen, englischen und deutschen Lösungsversuche *ohne* oder mit geringeren Revolutionsschrecken für glücklicher halten dürfen als Bürgerkrieg und Weltkriege, die aus der Revolution erwuchsen.

In *einem* Punkt war die Revolution allerdings schöpferisch: sie erst schuf im Verein mit den napoleonischen Eroberungskriegen die *Grande Nation*. Das Volk in seiner barrikadenstürmenden Herrlichkeit verdrängte des Königs Majestät. Noch heute geht von der Marseillaise ein Elan aus, der Freunde mitreißt und Feinde niederschmettert: „*Allons, enfants de la patrie, le jour de gloire est arrivé*" (Auf, Kinder des Vaterlands, der Tag des Ruhmes ist angebrochen!). Zum erstenmal in der europäischen Geschichte kämpften nicht mehr Ritter, Adlige, Söldner oder zu Soldaten gepreßte Bauernburschen, sondern ein Volksheer, eine „Massenerhebung" *(levée en masse)*. Spätestens in Moskau freilich, in der niedergebrannten Stadt und auf den Eisfeldern Rußlands, verging den Helden die Ruhmbegierde. Trotzdem ist der Nationalismus seitdem eine gesamteuropäische Erscheinung, nach Lust von den Herrschenden anzuheizen.

Frankreich selbst blieb auch im 19. Jahrhundert die Ideenschmiede Europas, und seine Hauptstadt wurde so etwas wie der Ruhmestempel der Nation und die Kapitale der Weltkultur. Napoleon baute den Triumphbogen und die Prachtstraße der Champs-Élysées. Unter dem Zweiten Kaiserreich wurden die großen Durchbrüche der Boulevards geschaffen. Die Technik triumphierte in der Stahlkonstruktion des Eiffelturms, die Frömmigkeit baute auf Montmartre als Bollwerk die Basilika Sacré-Cœur. Künstlerische und literarische Bewegungen gingen von Paris aus; Wagner und Leibl, Stefan George und Rilke, Joyce und Hemingway, Ionesco und Beckett haben hier ihre Beglaubigung gesucht. Und der General de Gaulle knüpfte, als er 1940 von London aus die Franzosen zum Widerstand gegen Hitler aufrief, noch einmal an die alte Heldentradition an.

FRANKREICH

ist das europäische Land, wo die Frühzeit der menschlichen Entwicklung durch zahlreiche Funde am reichsten belegt ist. In den Bildern der Höhle von Lascaux, dem „Louvre der Eiszeit", begegnen wir einer Malerei steinzeitlicher Jäger, deren „Modernität" verblüfft.

Steinallee einer jungsteinzeitlichen Kultanlage in Carnac/Bretagne

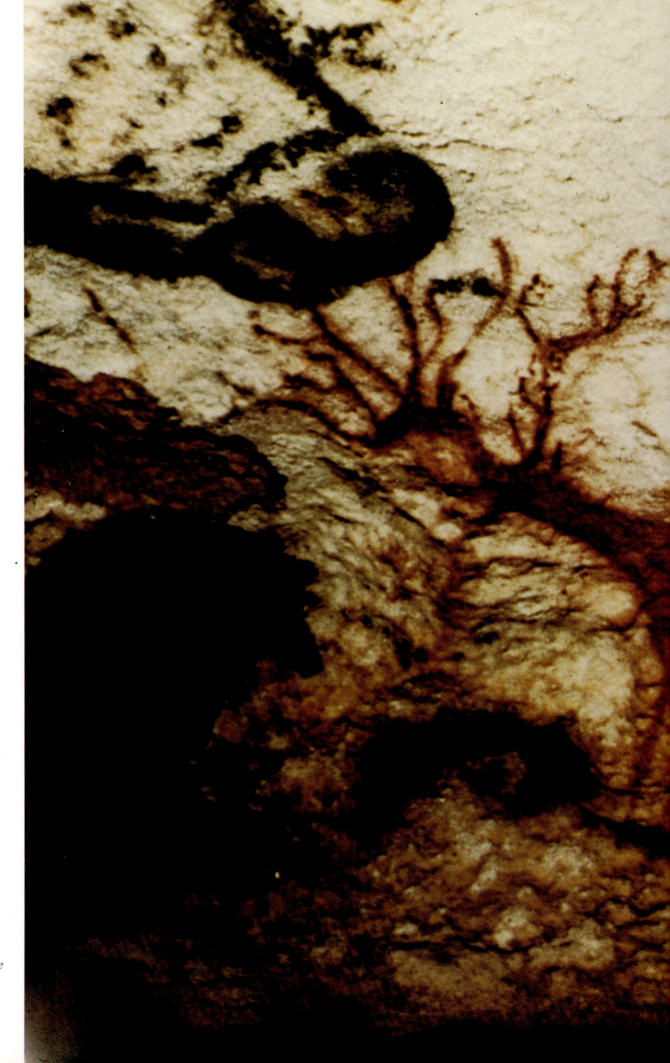

Hirsche und Wildpferd. Malerei in der Höhle von Lascaux

Folgende Seite: Die „Venus von Laussel", Dordogne

DIE KULTURELLE ERSCHLIESSUNG

des keltischen Gallien, aus dem dann der Nationalstaat Frankreich erwuchs, schob sich von Süden, über die griechische Pflanzstadt Marseille, ins Landesinnere vor.

Blick über den „Alten Hafen" auf Marseille und Notre-Dame-de-la-Garde

Die Römer, die unter Cäsar Gallien eroberten, gaben dem Land weit über die Dauer ihrer eigentlichen Herrschaft hinaus das Gepräge. Aus den römischen Bauten, die Gallien mit dem Steinbau vertraut machten, erwuchsen zusammen mit der Christianisierung die Kirchen der Romanik, für die St-Benoît-sur-Loire, die Grabkirche des hl. Benedikt, des Gründers des ersten christlichen Ordens, beispielhaft ist.

Statue des Augustus im römischen Theater von Orange
Chor der Abteikirche St-Benoît-sur-Loire

Frankreich ist das Schöpferland der europäischen Gotik, deren Entwicklung, vor allem im Bereich der Plastik, sich an der Kathedrale von Chartres ablesen läßt. Chartres ist mit dem geheimnisvollen Schimmer seiner Glasfenster zugleich ein Meisterwerk gotischer Glasfensterkunst, die die Kathedralen zum Abbild des mit Edelsteinen besetzten himmlischen Jerusalem machte.

Gewändefiguren vom Königsportal der Kathedrale von Chartres

Rose mit Fenster vom nördlichen Querhaus der Kathedrale von Chartres

Die Kathedrale von Reims, die Krönungskirche der französischen Könige, und Notre-Dame von Paris, die auf einer Seineinsel gelegene Kathedrale der Hauptstadt, klassische Beispiele der französischen Hochgotik, sind eng mit der Geschichte des Landes verbunden.

Westfassade der Kathedrale von Reims

Blick über die Seine auf Notre Dame von Paris

Das Schicksal Frankreichs und seines Königshauses lag während des Krieges mit den englischen Eroberern in der Hand des lothringischen Bauernmädchens Jeanne, die mit der Befreiung des belagerten Orléans als „Jungfrau von Orléans" zur Nationalheldin Frankreichs wurde.

Reiterstandbild der Jungfrau von Orléans auf der Place des Pyramides in Paris
Blick über die Loire auf Orléans und die Kathedrale

In der Kette der Loireschlösser, deren Besichtigung einen Höhepunkt jeder Frankreichreise bildet, ragt Schloß Chambord, Residenz König Franz' I., als ein Hauptwerk der französischen Renaissance hervor. Der König, Urbild eines Renaissancefürsten, war gleich bedeutend als Mäzen wie als Politiker, dessen Kampf vor allem Kaiser Karl V. galt.

Schloß Chambord an der Loire

Glanzvollste Herrschergestalt Frankreichs war Ludwig XIV., der „Sonnenkönig", dessen Residenzschloß Versailles vor den Toren von Paris Vorbild der Schlösser des europäischen Barocks wurde. Im berühmten Spiegelsaal von Versailles wurde 1870 Wilhelm I. von Preußen zum Deutschen Kaiser ausgerufen.

Der Spiegelsaal von Schloß Versailles

Paris, die Hauptstadt Frankreichs und weit mehr als andere Hauptstädte auch das Herz des Landes, ist eine Stadt der Lichter, die für den Besucher die Bauwerke und Monumente in besonderem Glanz erstrahlen lassen.

Der Eiffelturm

Die Avenue de la Grande Armée mit dem Arc de Triomphe

Die Französische Revolution, die in Paris am 14. Juli 1789 mit der Erstürmung der Bastille begann und Frankreich die Nationalhymne „Marseillaise" bescherte, löste unter der Parole „Freiheit – Gleichheit – Brüderlichkeit" in Europa und Amerika ähnliche Bestrebungen aus. Das Andenken an die Revolution lebt in Paris und Frankreich ebenso weiter wie die Erinnerung an Napoleon, den Kaiser der Franzosen und Erben der Revolution, dessen Volksheere ganz Europa erzittern ließen.

Die „Marseillaise" am Arc de Triomphe in Paris

Sarkophag Napoleons im Invalidendom zu Paris

Zentrum des berühmten „Nachtlebens" von Paris, Zentrum und Treffpunkt auch für Künstler aus aller Welt ist der Stadtteil Montmartre, dessen Wahrzeichen, die Kirche Sacré-Cœur, die Stadt überragt.

Kuppelkirche Sacré-Cœur auf der Höhe des Montmartre

DIE REGIONEN UND PROVINZEN FRANKREICHS,

für den Pariser „die Provinz", stehen zwar etwas im Schatten der Hauptstadt, haben sich aber ein ausgeprägtes Eigenleben bewahrt und spielten in der Geschichte des Landes und ganz Europas oft eine wichtige Rolle. Frankreich war das Durchgangsland für die Pilgerzüge des Mittelalters, die das spanische Santiago aufsuchten. Eine der Stationen auf diesen Pilgerstraßen war die Basilika St-Sernin in Toulouse.

Christus in der Mandorla. Relief am Chorumgang von St-Sernin in Toulouse

In dem festungsartigen Bau der Kathedrale von Albi, einer Departementshauptstadt am Ufer des Tarn, scheint sich noch etwas vom trotzigen Geist der Sekte der Albigenser widerzuspiegeln, die Anfang des 13. Jahrhunderts in blutigen Kriegen vernichtet wurde. Ihr Kampf gegen gewisse Entartungen der kirchlichen Gesellschaft wurde aufgenommen von Dominikus und den Bettelorden.

Blick auf die Kathedrale von Albi und die alte Brücke über den Tarn

In der Normandie, von wo aus 1066 der Normannenherzog Wilhelm die Eroberung Englands begann, entstand als Vorbereiter der Gotik der normannische Stil, wie ihn die vieltürmige Kirche von St-Étienne in Caen zeigt. Die normannische Baukunst prägt entscheidend die englischen Kathedralen, sie ist noch in den Gliederungsformen der frühgotischen Kathedrale von Laon spürbar.

St-Étienne in Caen

Blick in das Langhaus der Kathedrale Notre-Dame in Laon

Kirche und Kloster von Mont-Saint-Michel und der Innenraum der Sainte-Chapelle in Paris, der Hofkirche König Ludwigs des Heiligen, zeigen zwei Aspekte der französischen Gotik. Das Inselkloster ist noch die „Burg Gottes" mit mächtig aufstrebenden Mauern, während in der Hofkapelle die feste Wand fast völlig von den leuchtenden Fenstern ersetzt wird, die den Bau transparent machen.

Mont-Saint-Michel

Innenraum der Sainte-Chapelle in Paris

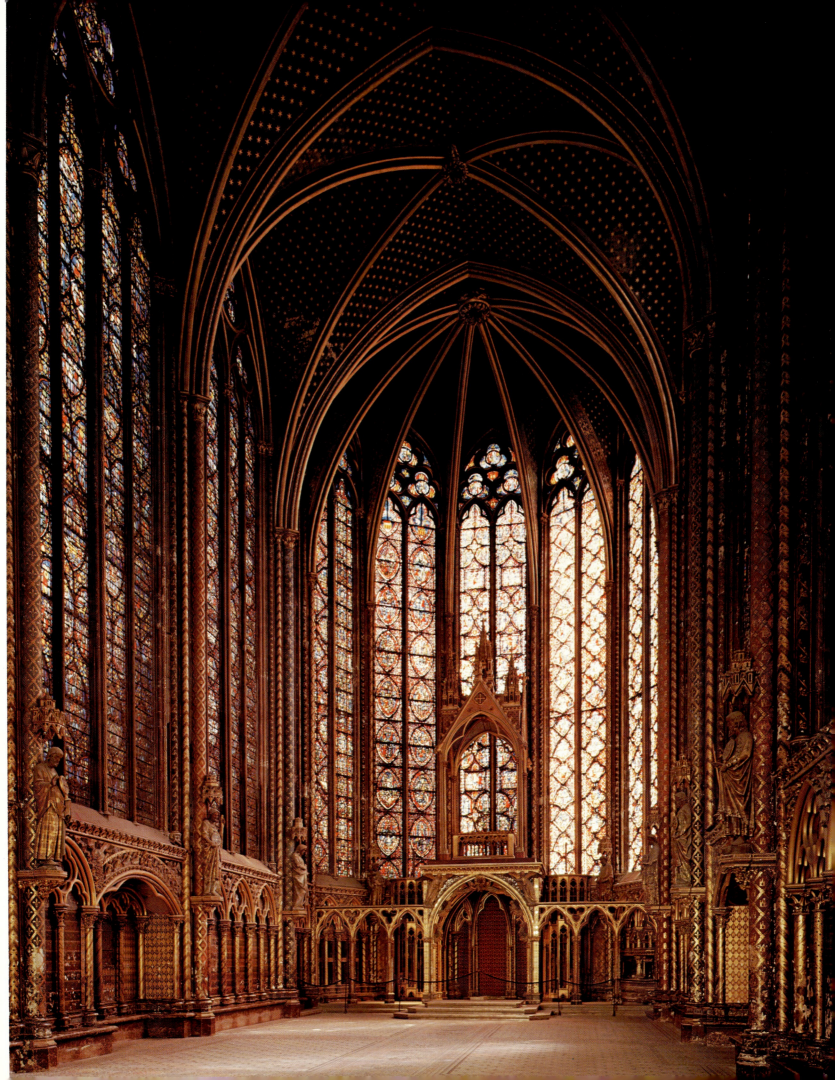

Wie sich landschaftliche Eigenart in der französischen Kunst immer wieder deutlich ausprägte, zeigen auch Kirche und Kalvarienberg von Giulmiau in der Bretagne und das Filigranwerk des Baldachins über dem Grab der Margarete von Österreich in der Kirche von Brou, der Grablege der Herzöge von Savoyen.

Kalvarienberg von Giulmiau

Grab der Margarete von Österreich in der Kirche von Brou

Burgund, unter den großen Herzögen lange ein Widersacher des französischen Nationalstaates und bedeutend für die Geschichte Europas, zeigt wieder ein anderes Gepräge.

Nicolas Rollin, Kanzler der Herzöge von Burgund, als Stifter
Innenhof des von Rollin gegründeten Hôtel-Dieu in Beaune

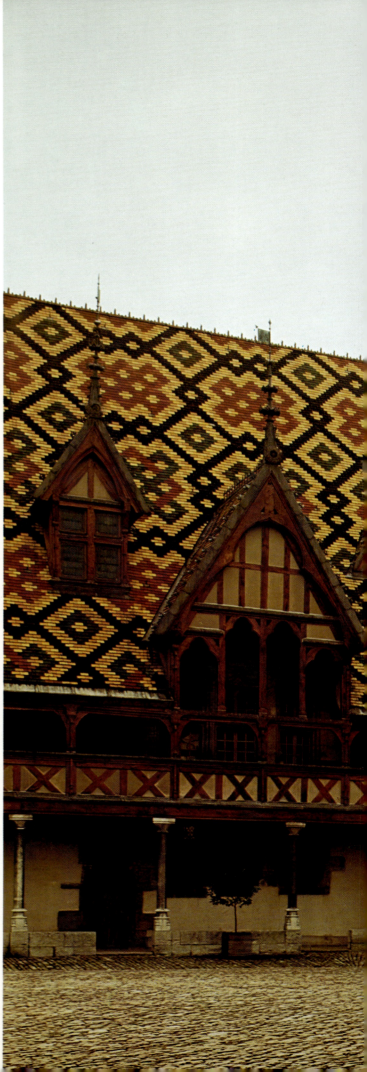

In Straßburg, der Hauptstadt des Elsaß, und in seinem Münster begegnen sich Frankreich und Deutschland, die beiden Kernländer Europas, in vielfacher Weise. Straßburg, Sitz des Europaparlaments, trägt auch die Hoffnung des Kontinents auf ein vereinigtes Europa.

Westfassade des Straßburger Münsters

ENGLAND:
SCHIFF ZWISCHEN HAFEN UND HOHER SEE

Daß England eine Insel sei, ist ein Gemeinplatz, aber trotzdem nicht richtig. Durch viele Jahrhunderte war es nur ein Teil der Hauptinsel jener Inselgruppe, die auf den Atlanten als ‚Britische Inseln' verzeichnet ist, einer Insel übrigens, die auf diesen Atlanten keinen eigenen Namen hat, sondern mit ‚England' und ‚Schottland' bezeichnet ist. Wiederum jahrhundertelang hatte dieses England nur geringe Lust, den Nordteil der Insel in seine Hand zu bringen, war aber um so eifriger damit beschäftigt, zu dem Westteil Frankreichs, der ihm durch Erbschaft zugefallen war, den Rest hinzuzuerobern, und wäre den im doppelten Sinne niedergeschlagenen Franzosen nicht das Bauernmädchen Jeanne aus Domrémy zu Hilfe gekommen – wer weiß, ob nicht ein englisches Festlandreich mit dem Schwerpunkt Frankreich und mit der Insel als Anhängsel zustande gekommen wäre.
Erst als der französische Traum ausgeträumt war, der das Schiff England im europäischen Hafen fest verankert hätte, wurde das Abenteuer der Meere ins Auge gefaßt, der schottische Norden endgültig mit dem englischen Süden vereint, die widerstrebende Insel Irland angegliedert und einbezogen und in Handel und Seefahrerei jenes neue Ziel anvisiert, das am Ende des 19. Jahrhunderts strahlend als ‚the British Empire' in Erscheinung trat: die mächtigste aller Weltmächte, mit der größten Flotte, dem weitesten Kolonialreich, der bestentwickelten Industrie, dem weitestverzweigten Handel, dem Herrschaftsanspruch auf alle Meere. Da war nun im Endergebnis der Name gerechtfertigt, den sich die beiden Königreiche England und Schottland nach ihrer Vereinigung gegeben hatten: *Groß*-Britannien. Nun, da das Empire versunken, die Insel Irland abgedriftet ist, es auch die Schotten – Bayern des Nordens – wieder nach Selbständigkeit gelüstet, ist auch das ‚Groß' von Großbritannien wie eine Flagge eingeholt; der offizielle Name „United Kingdom of Great Britain and Northern Ireland" wird gern zu ‚United Kingdom' verkürzt, und im Streit der Sympathien und Interessen hat die Partei der Europaanhänger knapp gesiegt. Das Schiff hat nach langer, erst triumphaler, dann trübseliger Reise wieder im Heimathafen festgemacht.

DIE LEICHTE BEUTE

Die Geschichte des Empire-Eroberers England fängt damit an, daß es immer wieder erobert wurde. Sowenig wie die Straße von Gibraltar die Afrikaner abhielt, sowenig war der Ärmelkanal ein Hindernis für Festlandvölker, es einmal auf der anderen Seite zu versuchen. Nicht die Engländer fuhren über Meer, sondern ihre Feinde kamen: von Südost über den Ärmelkanal, von Ost und Nordost über die Nordsee, gelegentlich sogar von West, von der okkupierten Insel Irland her. In diesem Sinne ist „denn wir fahren gegen Engeland" ein uraltes Lied.
Als Seefahrer und Händler kamen Karthager und Griechen, als Siedler eine große Zahl keltischer Stämme, die als Britanni oder Britones zusammengefaßt wurden. Als Caesar Gallien unterwarf, fand er es zweckmäßig, auch auf die andere Seite des Kanals überzusetzen, um die dortigen Kelten abzuschrecken, daß sie ihren Verwandten zu Hilfe eilten. So wurde das Britenland römisch, die Keltenstadt Londinium eine römische Zoll- und Flottenstation. Rundum im Land entstanden Militärlager, Castra;

die vielen auf -caster oder -chester endenden Orte erinnern noch daran: Chester, Lancaster, Worcester, Chichester, Dorchester, Gloucester. In Lincoln steckt das gleiche ‚Colonia' wie in Köln. Nur der Norden war zu weit, zu hoch, zu unwirtlich; wie in Germanien wurde nicht einfach weitererobert, sondern das Gewonnene mit Wall und Graben abgeschirmt. Die Stämme im Norden, die Pikten, und die Skoten im heutigen Irland, blieben ‚wild'. England selbst wurde so gründlich romanisiert wie das Rheinland oder Bayern; es war ein doppelter Irrtum, als der rassengläubige Hitler annahm, auf der Grundlage germanischer Blutsverwandtschaft ließe sich ein Bündnis mit England schließen; er hatte es mit romanisierten Kelten zu tun, mit einem Volk, das in Entstehung und Zusammenhang mit den Franzosen zu vergleichen war.

Das Christentum kam mit den Römern, aber nicht nur mit ihnen. Eine Form der Christianisierung war die Aussendung von Glaubensboten, die Mission, und wenn die Römer ihren Fuß lieber nicht in den unwirtlichen Norden und auf die ferne Insel Irland gesetzt hatten, die frommen Mönche ließen sich durch wilde Berge und Bergvölker nicht abschrecken, und so entstand in Irland und Schottland unglaublich weit weg von den Ausgangsstationen ein sehr ursprüngliches keltisch-lateinisches Mönchschristentum, das in seiner Form und seinen Schöpfungen stark an die östlichen, griechisch-ägyptischen Ausprägungen des Mönchslebens erinnert.

Die Mönche, der Irland-Patron Patrick, der Schottenbekehrer Kolumban, kamen, als die Römer gegangen waren; ihre Klöster, mit Festungsmauern umgeben, wurden Zufluchtsorte in chaotischen Zeiten und Ausstrahlungszentren für weitere Missionierung. Zu den lustigen Rösselsprüngen, welche die Geschichte gegen alle praktische Logik vollführt, gehört auch, daß irische Mönche in Bayern, am Bodensee, in der Schweiz missionierten, daß nach dem Iren Gallus St. Gallen benannt ist, daß der Ire Kolumban der Jüngere in Burgund das Kloster Luxueil, in Oberitalien Bobbio gründete.

Auch der Bekehrer der noch heidnischen Deutschen, Winfrid, genannt Bonifatius, kam von den fernen Inseln, allerdings kein Ire oder Schotte, sondern ein Engländer, genauer ein Angelsachse, denn als die Römer gingen, hatte sich auch in England einiges verändert. In das herrenlose Land strömten die Eindringlinge, diesmal germanische Stämme: Angeln, Sachsen, Jüten. Sie kamen zu Schiff, also nicht in mächtigen Heerscharen, sondern in Gruppen, und sie nahmen das Land, das sich ihnen bot, als Oberherren. Das war im 7. Jahrhundert, kurz bevor die Araber nach Spanien übersetzten; wer unternehmungslustig war, konnte sein Glück machen in dieser Zeit, wo keine Legionäre mehr ihre Kastelle verteidigten. Die Angeln, Sachsen, Jüten richteten sich ein wie die anderen Germanenstämme: mit Kleinkönigtümern ohne ein gemeinsames Oberhaupt, Ost, West, Süd, Nord (Essex, Wessex, Sussex, Northumberland), das war das Praktischste. Nur war es so praktisch nicht, wenn weitere Invasoren kamen und sich des klimatisch so angenehmen Angelsachsenlandes bemächtigen wollten.

Wenn die Angelsachsen die Kelten verdrängt hatten, nach Wales, Irland und bis zur Bretagne, dann schoben die Neuankömmlinge aus Dänemark und Norwegen ihrerseits die Angelsachsen nach Westen und Süden zurück und richteten sich teils plündernd und vorübergehend, teils siedelnd und auf Dauer in Ostengland ein. Der Schiffsbau hatte inzwischen im Norden mächtige Fortschritte gemacht, und die nordischen Wikinger waren nun ebenso gefürchtet wie im Mittelmeer die Sarazenen und bauten sich ebensolche Herrschaftsbereiche oder Ausbeutungszonen auf wie vorher Griechen und Karthager.

Mit schöner Regelmäßigkeit fuhren die Beutemacher in jedem Frühling in die Flußmündungen ein, plünderten, brandschatzten oder erhoben Tribute und segelten nach dem Winter wieder nach Hause zurück. So wie die Angelsachsen für die Kelten Wales übriggelassen hatten, so ließen die Dänen nur das westlichste Angelsachsenland, Wessex, ungeschoren, und von dort her setzte die Gegenoffensive unter dem großen König Alfred (871–899) ein, der für die Engländer durch seine Rechts- und Kulturreform so etwas ist wie für das Festland Karl der Große. Tatsächlich gelang es aber weder ihm noch seinen Nachfolgern, die Dänen wieder aus England herauszuwerfen, und zu Beginn des 11. Jahrhunderts geschah etwas sehr Merkwürdiges: die Angelsachsen wählten den Dänenkönig Knut zu ihrem Oberhaupt; der ließ sich taufen, heiratete die Königswitwe und schickte sich an, von der neuen Basis England aus ein großes Nordseereich zu errichten.

Dieser dänische Einschub in ihrer Geschichte ist den Engländern nicht so ganz geheuer; es kam aber noch schlimmer, noch verwirrender, denn inzwischen hatte ein weiteres Nordmännervolk, Nordmänner oder Normannen genannt, angefangen, große Geschichte zu machen. Die Normannen waren von der jährlichen Saisonplünderung zur Seßhaftigkeit übergegangen, so zum Beispiel nördlich der Seinemündung. Sie hatten sich taufen lassen, und ihr Anführer hatte den Herzogstitel bekommen, gegen die Verpflichtung, weitere Plünderer von der Küste fernzuhalten. Aus den Räubern wurden sozusagen Polizisten. Gegenüber den Dänen der älteren Zeit hatten sie den Vorteil größerer Nähe; nur der Kanal war zu überqueren, und nachdem schon der fromme Angelsachsenkönig Eduard der Bekenner ihnen mehr gewogen war, als es den angelsächsischen Earls recht war, griff nach seinem Tod ein Normanne zu, setzte über, schlug 1066 die Angelsachsen bei Hastings und schuf ein neues normannisches Reich. Aus dem natürlichen Sohn des Normannenherzogs Robert, Wilhelm dem Bastard, wurde so Wilhelm der Eroberer. Zugleich wurde die überflüssige Frage, ob die Engländer Germanen oder Romanen seien, weiter kompliziert, denn die Normannen waren ihrerseits zwar Germanen, aber romanisiert.

Sie brachten vom Festland mit die französische Sprache, das Lehnswesen und die Kirchenreform, den Glanz des Mittelalters und neue Arten von Thronstreitigkeiten, und es lag in der Logik ihres ausgreifenden Eroberertums, daß sie eines Tages nach Frankreich zurückschauen und versuchen würden, die französische Westküste von der Seine- bis zur Garonnemündung in die Hand zu bekommen. Das Erobern lag den Normannen sozusagen im Blut; nur wählten sie jetzt das diplomatische Mittel der Heirat, das die folgenden hundert Jahre Krieg legitimierte. Man kann es auch anders sehen: hatte England sich dreihundert Jahre gegen die Eroberer von jenseits des Meeres wehren müssen, so drehte es nun für weitere dreihundert Jahre den Spieß um, suchte nach der Festlandsbasis, eroberte den Brückenkopf Calais, gewann die souveräne Herrschaft über Südwestfrankreich, nahm Paris, verbündete sich mit Burgund; es schien nur noch eine Frage von wenigen Jahren, und Heinrich V. hätte den Normannentraum wahrgemacht, sich die französische Krone aufgesetzt. Es kam anders; in der tiefsten Demütigung erwachte das französische Nationalgefühl, in der Mitte des 15. Jahrhunderts schlief der

Hundertjährige Krieg mit England ein, weil niemand mehr Brennholz nachschob, und 1559 verloren die Engländer ihren letzten Brückenkopf, Calais. Sie brauchten ihn nicht mehr.

KÖNIGIN ELISABETH UND KÖNIG WILLIAM

Das mittelalterliche England hatte keine Flotte und keinen Handel. Die deutschen Kaufleute der Hanse saßen im Londoner Stalhof, und später machten die Niederländer die Geschäfte. Es dauerte lange, bis England aus einem Rohstoffland, das Wolle ausführte, ein Fertigungsland wurde, in dem man Tuche weben konnte. So französisch sich die Herrenschicht gab, von Europa aus sah es ziemlich barbarisch aus, und tatsächlich waren die englischen Thronwirren, Adelskämpfe, Volksaufstände, wie man bei Shakespeare lernen kann, noch wilder, blutiger, grausamer als die festländischen. Niemand hätte diesem England eine große Zukunft, ja ein Weltreich vorausgesagt. Auch was wir nachträglich zu loben haben, die Anfänge eines parlamentarischen Systems, die Herausarbeitung gewisser Freiheitsrechte, die Gründung vorbildlicher Universitäten in Oxford und Cambridge, versank nur zu oft in Pest und Hungersnot, in Tyrannei und Anarchie.
Voraussetzung für Englands Aufstieg war der endgültige Verzicht auf das französische Erbe und damit auf den Kontinent, den Hafen. Das Schiff England mußte flottgemacht werden für die großen Abenteuer über See. An den Entdeckungen war es typischerweise nicht beteiligt gewesen, es mußte sozusagen mit Gewalt gezwungen werden, sich der Seeseite zuzuwenden. Ein halbes Jahrhundert nach der Entdeckung Amerikas begann England sich neu zu organisieren: Schottland, widerstrebend, wurde herangezogen, Irland einverleibt, die Macht der Krone wuchs ins Ungemessene, als König Heinrich VIII. sich zum Papst von England machte und die Kirchengüter einzog. Im Dienst dieser Krone stachen nun die ‚Merchant Adventurers' in See, gleichzeitig Kaufleute und Piraten, Volkshelden und Königsgünstlinge, Kriegsunternehmer und Kolonisatoren. Da es sich um Räuberei handelte, hielt sich die Krone zurück; da die Räuberei aber im Dienst Englands betrieben wurde, wurde sie durch Geleitbriefe abgesichert. 1571 wurde die Londoner Börse eröffnet, 1584 die erste englische Kolonie, das amerikanische Virginia, gegründet, 1598 wurde der deutsche Stalhof geschlossen, 1600 nahm die Ostindien-Kompanie, eine durch königliche Charter gedeckte Handelsgesellschaft, ihre Tätigkeit auf. Unternehmen war das große Wort der Epoche; auch der Theaterdichter William Shakespeare war ein solcher Unternehmer, der, nachdem er genügend Geld gemacht hatte, sich in sein heimatliches Stratford zurückzog und mit Häusern spekulierte.
Eine große, allerdings immer noch sehr ungebärdige Zeit. Der wilde Frauenverbraucher Heinrich VIII. entwickelte zum ersten Mal so etwas wie eine eigene englische, nämlich mit den Gegensätzen der Kontinentalmächte kalkulierende Politik. Seine nicht minder skrupellose, dazu aber noch gebildete und weiblich raffinierte Tochter Elisabeth baute das Planspiel weiter aus. Sie war die Jungfrau, nach der ihr Geliebter, Sir Walter Raleigh, die neue amerikanische Kolonie die „jungfräuliche" nannte, und sie war die Dame, die eben diesem Höfling eine schallende Ohrfeige verabreichte, als er ihr das Kom-

pliment gemacht hatte, ihre Gedanken seien ebenso krumm und schief wie ihre Figur. Das war ‚merry old England', das alte lustige England, und lustig hieß ausgelassen, lebenshungrig, abenteuerwild. In fortwährenden Religions- und Konfessionswechseln hatte man gelernt, ewige Werte eher gering einzuschätzen, den Augenblick beim Schopf zu nehmen, zu viele abgeschlagene Köpfe sahen von der Tower Bridge herüber.

Die Kollegen des Dichters William Shakespeare waren Säufer und Messerstecher, eine ungezügelte Bohème. Er selbst galt seinen Zeitgenossen keineswegs als Klassiker, sondern als ein amüsanter Autor von Theaterhits. Niemand hat sich um seine Biographie gekümmert; sie ist fast so dunkel wie die des Ahnherrn Homer. Aber er selbst baute in seinen Stücken das ganze englische Universum seiner Zeit und seiner Zeitgenossen in sie noch übersteigerndem Abbild auf: den Untäter Macbeth und den Nicht-Täter Hamlet, den eifersüchtigen Othello und den Intriganten Jago, das Liebespaar Romeo und Julia und den verlassenen Vater Lear, den Menschenfeind und den Weibernarren, den Fresser und den Spieler, eine Galerie, aus der sich vierhundert Jahre später noch alle Theater der Welt bedienen. Er ist seiner Königin Elisabeth zum Trotz der ungekrönte König der Epoche geworden.

EMPIRE UND EMPIRIE

Im Zeitalter der Elisabeth gewann England zum ersten Mal deutlich nationale Züge. Sie waren nicht durch die vielfältigen Brechungen von Abstammung und Tradition, von sozialen Klassen oder religiösen Bekenntnissen geprägt, sondern durch eine Erfahrung, die nach allen Wirrungen so sauber ausfiel wie eine kaufmännische Bilanz: daß am Ende nur das zähle, was man in der Hand halte, worüber man selbst verfüge, sei es nun Besitz oder Einsicht, Geld oder Gewöhnung, eine Königskrone oder eine Kolonie. Der erste englische Philosoph, Elisabeths Höfling Francis Bacon, riet von allen großen Spekulationen ab, setzte Vernunft mit Erfahrung gleich und wurde damit der Vater aller späteren englischen Weisheit. Der praktische Verstand eroberte das Empire und verließ sich zugleich einzig auf das, was die Philosophen Empirie nennen, auf Wissen aus Erfahrung.

Der Aufbau des British Empire ist keineswegs gradlinig verlaufen; so weit war auch die englische politische Vernunft nicht gediehen. Aber Vernunft gab den Engländern in den vielen Auseinandersetzungen zwischen Königtum, Parlament und Volk die Kunst des Abwartens und die Überzeugung ein, daß Wachstum sich nicht überstürzt vollziehen dürfe. Im 17. Jahrhundert spitzten sich noch einmal alle Konfliktpositionen zu: *vor* Frankreich köpfte England einen König, Karl I., und *vor* Frankreich hatte es seine Militärdiktatur: die Oliver Cromwells. *Vor* Frankreich vollzog es schließlich seine Revolution: aber dieser ‚glorious' genannte Umsturz hatte den Vorzug, unblutig verlaufen zu sein, und er war zwar, nach dem alten Sprachgebrauch des Wortes ‚Revolution', ein Machtwechsel, eine Umwälzung bestehender Verhältnisse, aber er beließ die Monarchie auf ihrem Platz, das Parlament an seiner Stelle und schränkte nur die Macht des Monarchen ein. Das war 1689. 1695 wurde die Pressefreiheit verkündet, ein Menschenalter später war das parlamentarische System mit der vollen Verantwortlichkeit des Premierministers und dem Wechsel zwischen Regierungs- und Oppositionspartei eingespielt, die – wie man am Ende des 20. Jahrhunderts seufzend und nachdenklich feststellen muß – am wenigsten schlechte aller Formen der Machtausübung.

Man muß hinzufügen, daß vorher auch in England Machtausübung auf zynischste Weise betrieben worden war. In dem Balance- und Kontrollsystem, das sich nun durchsetzte, steckte weniger ein hoffnungsvoller Optimismus, der Mensch sei doch zu etwas gut, als die resignierte Erkenntnis, er sei zu schwach, um mit den Versuchungen der Macht fertig zu werden. Ekel und Einsicht am Ende des Blutvergießens. Immerhin ließ sich auch aus solcher Resignation ein neuer Menschentyp destillieren: das war – ein letztes Erbe mittelalterlicher Ideale – der Gentleman und, sich aus dessen bevorzugtem Zeitvertreib („sports") entwickelnd, der Sportsmann mit dem Sinn für Fair play.

Noch eine andere Wurzel für das sich im 18. Jahrhundert neu ausformende liberale und demokratische England ist zu nennen: die religiöse Lösung von den Kirchen und die Hinwendung zur Gemeinde. Die Machtwechsel mit den ihr folgenden eilig-opportunistischen Konfessionswechseln hatten die Menschen, denen Religion mehr bedeutete als ein Abzeichen am Revers, immer stärker auf sich selbst, auf ihr Gewissen gestellt, und so wurden die ‚Dissenters', die Leute mit der eigenen Meinung, schließlich eine politisch wichtige Gruppe. Alle späteren Dissidenten können sich auf diese Gewissensstarken berufen, die lieber in der Wildnis der Neuen Welt eine neue Existenz aufbauten, als sich dem jeweils

Mr. Pickwick bei einer Abendgesellschaft in Bath. Federzeichnung von Phiz zu Charles Dickens „Die Pickwickier".

genehmen Staatskirchentum zu beugen. Sie und ihre Nachkommen wurden schließlich in den sogenannten Neuengland-Staaten die Träger einer neuen freiheitlichen Kultur. Um es paradox auszudrücken: Europa mußte, um das von den Griechen einst gepflanzte Polis-Ideal der freien Bürger zu entwickeln, erst aus Europa auswandern, in einen überseeischen Versuchsraum, wo das Experiment unter idealen Umweltbedingungen vorgenommen werden konnte und gelang.

In England selbst verband sich das befreite Gewissen gern mit Handelstüchtigkeit, auch mit einem äußeren Wohlverhalten, das leicht pharisäische Züge aufwies. Gingen die Geschäfte gut, so ruhte Gottes Segen sichtbar auf solchen Unternehmungen. Der Reichtum, der aus den Kolonien einfloß, und die frühe Industrialisierung arbeiteten einander in die Hände. Während die adlige Oberschicht der Lords sich in Hof- und Landleben so gab wie die aristokratischen Vettern auf dem Festland, richtete sich das reich gewordene Bürgertum nach einer ganz anderen, sparsamen, tugendhaften, Gott wohlgefälligen Moral, die ihm naheliegenderweise den Vorwurf der Heuchelei eintrug. Sie reden von Religion und meinen Kattun, war die Formel für diesen Vorwurf. Nachträglich – das heutige England ist weder so geschäftstüchtig noch so tugendhaft wie diese Vorfahren – läßt sich feststellen, daß es bei großen Wirtschaftsaufschwüngen ebenso wie bei großer Politik, bei der Ausdehnung von Handelsbeziehungen wie bei der Bildung von Imperien meist eher ohne Federlesens abgeht, ohne die Skrupel der Gewissenszarten jedenfalls. Auf der anderen Seite hat sich die Gegenpartei des Gewissens aber in keinem Lande – außer in den englisch inspirierten USA – jeweils deutlicher zu Wort gemeldet als in England, hat unverhohlen angeprangert, was an englischem Unrecht in der Welt geschah, und hat auf diese Weise manchen Schaden und manche Schande repariert. So kann man, parallel zu den Eroberungen von Amerika bis Australien und zu den technisch-industriellen Fortschritten, auch Jahrzehnt um Jahrzehnt die Errungenschaften der Menschlichkeit verzeichnen: Abschaffung der Sklaverei, Verbot der Kinderarbeit, Herstellung voller religiöser Toleranz, die mit dem Namen Florence Nightingale verbundene Gefangenenfürsorge, den mit dem Namen Dickens verknüpften Kampf gegen Slums und Arbeiterelend. Unzählige gesellig-menschliche, ‚philanthropische' Einrichtungen, von der Heilsarmee bis zu Amnesty International, gehen auf englische Initiativen zurück.

ENGLAND UND EUROPA

Das Britische Empire beruhte wie das Reich der Karthager auf dem Prinzip der Seeherrschaft. Aber es unterschied sich von allen Vorläufern dadurch, daß nicht nur Stützpunkte und Küstenstriche besetzt wurden, sondern riesige Landmassen, ganze Kontinente wie Australien und Nordamerika, ganze Subkontinente wie Indien oder Südafrika. Spanien war nach dem Untergang der Armada aus dem Feld geschlagen, den Niederländern wurde Neu-Amsterdam abgenommen und in New York umgetauft, die Franzosen verloren nach dem Siebenjährigen Krieg ihren ansehnlichen amerikanischen Besitz von Kanada bis Louisiana an das siegreiche England, ihre Flotte wurde von Nelson bei Trafalgar vernichtet. Großräume mit vielen Völkern, Sprachen und Religionen wie Indien wurden von den Engländern nicht nur einverleibt, sondern vereinheitlicht. Das war in Glück und Leistung, in Planung und Organisation so erstaunlich, daß nichts mehr verwundern muß als die lässige Mäßigung, die gleichbleibende Vernunft, mit der die Engländer weiterhin Politik trieben, statt des großen Vabanquespiels, das auf dem Kontinent einmal Napoleon, ein andermal Hitler probierte. Beide sind denn auch, ehe sie sich in der russischen Weite verirrten, zunächst an dem gleichmütig-hartnäckigen Widerstand Englands gescheitert. Zu den Prinzipien dieser englischen Politik der Ausgewogenheit gehörte ja auch, daß keine Kontinentalmacht Europas die anderen überflügeln dürfe, daß Deutschland, Frankreich, Rußland sich gegenseitig in Schach hielten. Isolation (das Wort kommt von ‚insula') war in solcher Lage nichts Schlimmes, sondern entsprach der Schillerschen Sentenz: „Der Starke ist am mächtigsten allein."

Auch als in unserem Jahrhundert das Empire in ein Commonwealth, eine Einrichtung zur Hebung gemeinsamen Wohlstandes, umgeformt wurde, blieb den Engländern das Bewußtsein, daß ihnen Montreal und Sydney eigentlich näher lägen als Calais und Amsterdam, und selbst nach dem Verlust des Empire, nach dem Rückfall auf die Stellung einer mittleren Macht ohne Flotte und Kolonien, hat London die Rolle und die vielfältigen Reize der Weltstadt bewahrt. Trotzdem, das ist wichtig für das Verständnis europäischer Kultur, hat England dem Kontinent im kulturellen Bereich nie den Rücken gekehrt. Es blieb ganz unanfällig gegen alle Versuchungen der Weltkulturen, ließ sich weder arabisch noch indisch, noch fernöstlich anstecken und behielt die engste Bindung zur Nachbarkultur, zur französischen. Nicht die sächsischen Vettern gaben in England den Ton an, auch nicht das Haus Hannover, das die Könige stellte, oder das Haus Coburg, aus dem sich die große Königin Victoria ihren Prinzgemahl holte, sondern die normannischen Ahnen und die neuen Anreize, die von der Stadt der feinsten Lebenskunst, Paris, ausgingen. Schon die englische und die französische Aufklärung des 18. Jahrhunderts ergänzen einander, greifen ineinander über, liefern einander Methoden und Argumente, und es entstand damals schon jene Mischkultur, jene Gesamtheit von Ideen, Zielen, Lebensformen, die wir heute ‚westlich' nennen. Als vor dem Ersten Weltkrieg England und Frankreich, die schärfsten Rivalen im Wettlauf um die noch nicht eingeheimsten außereuropäischen Länder, sich gegen das Deutsche Reich zusammenschlossen, da war das Bündnis nicht nur aus Zweckmäßigkeitsgründen geschlossen, sondern eine ‚Entente cordiale', ein herzliches, nämlich von vielen Gemeinsamkeiten getragenes Einvernehmen.

Was im Bereich des ‚Westens' England sowohl gegenüber Frankreich wie im Vergleich zu den Vereinigten Staaten auszeichnet, ist die Ungezwungenheit, mit der es bei allem Fortschritt seine alten gesellschaftlichen Strukturen bewahrt hat, an denen nicht nur der Prunk noch ‚mittelalterlich' wirkt. So ist es mitten in der eigenen schweren Krise ein glückliches, ausgeglichenes, mindestens gleichmütig auch die Nackenschläge hinnehmendes Land geblieben, kein abgewracktes Schiff, sondern eines, das sich im Hafen ausruht, mit Landurlaub für die Matrosen. Es gehört nun zu Europa; ganz freilich wird es sich auf Europa nie einlassen, gerade weil es in seiner Freiheitlichkeit und Unternehmungslust so europäisch ist.

ENGLANDS GESCHICHTE

ist in ihrer Frühzeit eine Geschichte von Eroberungen. Zunächst setzten die Kelten auf die Insel über, es folgten die Römer, die bis an die Grenze von Schottland vordrangen, dann eroberten die Angeln und Sachsen das Land, die durch die Normannen aus der Herrschaft verdrängt wurden. Jede dieser Invasionen hinterließ Spuren und prägte den Menschen dieser Insel, der sich immer zuerst als Engländer und nur bedingt als Europäer fühlt.

Keltisches Sonnenheiligtum Stonehenge in Südengland

Der Einfall der Normannen, die 1066 unter Herzog Wilhelm „dem Eroberer" von der Normandie aus den Ärmelkanal überquerten und den Sachsenkönig Harold bei Hastings vernichtend schlugen, drückte dem Land weit über die Zeit des Mittelalters hinaus seinen Stempel auf.

Die Normannen erobern England. Szenen aus dem Teppich von Bayeux

Die Kathedrale von Salisbury

Die Landeshauptstadt London, Residenz der englischen Könige und einer der größten Häfen und Handelsplätze der Welt, erzählt in ihren Bauten und Monumenten viel von der Geschichte des Landes.

Westminster Abbey, die Krönungskirche der englischen Könige.

Die Tower Bridge, eine der Themsebrücken, die zum Tower, der Königsfestung, die zugleich Schatzkammer und Gefängnis war, führt.

England ist die Wiege der parlamentarischen Demokratie, deren Wurzeln bis in die Feudalzeit des Mittelalters zurückreichen. Die Bezeichnungen „House of Lords" für das Oberhaus und „House of Commons" für das Unterhaus, das eigentliche Parlament, lassen diese Tradition deutlich erkennen.

„Big Ben", der Uhrenturm des Parlaments
Das Parlamentsgebäude an der Themse

Schon früh sah England seine Zukunft auf dem Meer. Männer wie Sir Francis Drake, ein Freibeuter, der die spanische Armada bekämpfte und der Seemacht Spanien die Herrschaft auf den Weltmeeren erfolgreich streitig machte, und Admiral Nelson, der die Flotte Napoleons bei Trafalgar schlug, bestimmten nicht nur Englands, sondern auch Europas Geschichte.

Die „Victory", Nelsons Flaggschiff in der Schlacht bei Trafalgar

Das Nelson-Denkmal auf dem Trafalgar Square

Zielstrebig baute England ein Weltreich auf und vermochte die im Commonwealth vereinigten Länder und Staaten vielfach bis heute, vor allem wirtschaftlich, an das Mutterland zu binden. Das im Buckingham-Palast residierende Königshaus ist auch nach dem Ende des Empires Repräsentant und verbindende Klammer für die Länder der britischen Völkerfamilie.

Der Buckingham-Palast, die Residenz der englischen Könige, mit dem Denkmal der Königin und Kaiserin Victoria

Ein Soldat der königlichen Leibgarde

Die Colleges von Oxford, an denen seit Jahrhunderten die Führungskräfte Englands ausgebildet wurden, haben kaum etwas von ihrer Anziehungskraft und prägenden Exklusivität verloren.

Hof des Oriel Colleges in Oxford

ENGLANDS TRADITION,

nach Meinung vieler Engländer eine wesentliche Hilfe für ihre weltweiten Erfolge, zeigt sich besonders deutlich in den beiden berühmten, in Colleges gegliederten Universitäten Oxford und Cambridge, deren spätgotischer Baustil bezeichnend für die Langlebigkeit der Gotik gerade in England ist. Beispiel dieser Tradition ist auch das Königshaus, das unter Königin Victoria, die 1876 sogar Kaiserin von Indien wurde, ein weltweites koloniales Imperium beherrschte, das sich aber auch nach dem Ende des Kolonialismus in neuen Aufgaben bewährte.

Edward III. als Gründer von Trinity College in Cambridge

Folgende Seiten: Innenraum der Kathedrale von Oxford

Krone der Königin Victoria

In William Shakespeare besitzt England einen der größten Dichter und Dramatiker der Weltliteratur, um dessen Gestalt und Identität bis heute Vermutungen und scharfsinnige Spekulationen der Fachgelehrten kreisen.

Shakespeare-Tafel in der Kirche von Stratford-on-Avon, dem Geburtsort des Dichters

SPANIENS LANDSCHAFT

ist so gegensätzlich wie seine Städte und Menschen. Karge, ausgedorrte Hochflächen und Schneegebirge wechseln ab mit Fruchtlandschaften voller Oliven und Orangenhaine, Erbschaften der Römer und Mauren.

Spanische Landschaft in Andalusien

Neben Salamanca, einer Stadt mit römischer Tradition und Sitz einer der ältesten Universitäten Europas, die bis heute lebendig ist, wirkt Ávila, die Stadt der großen Mystikerin Theresa, ganz mittelalterlich. Beide Städte sind Symbole spanischer Geistigkeit, so wie Santiago de Compostela, der Escorial oder Toledo zugleich Symbole für spanisches Glauben, Denken und Empfinden sind.

Blick über die Römerbrücke auf die Kathedrale in Salamanca

Stadtmauern von Ávila

Ein Symbol Spaniens und seiner wechselvollen Geschichte ist auch der „Torre del oro" in Sevilla, der Turm, in dem das Gold aus den amerikanischen Kolonien gelagert wurde, das dem Land doch kein Glück brachte.

„Torre del oro" in Sevilla

DIE GESCHICHTE SPANIENS,

eines Landes, das ebenfalls verschiedene Eroberungen – Römer, Westgoten und Araber – erlebte, ist nachhaltig durch den Einfall der arabischen Mauren, die von Afrika übersetzten, geprägt worden. Für Europa war Spanien das Tor, durch das eine überlegene arabische Wissenschaft das Abendland bereicherte.

Die Moschee von Córdoba

Die hohe Kultur der islamischen Herrscher von Córdoba und Granada wurde zwar in der blutigen Rückeroberung, der Reconquista, der christlichen Könige Spaniens vernichtet, blieb aber vor allem in der Kunst noch lange stilbildend.

Blick in den Hof der Alhambra, des maurischen Residenzschlosses in Granada

Von der maurischen Kunst beeinflußte Platereskenfassade in Salamanca mit den Medaillonbildnissen der „katholischen Könige" Ferdinand und Isabella

Der Ruhm der „Reyes católicos" Ferdinand und Isabella wegen der Rückgewinnung Spaniens von den Mauren wird noch überstrahlt durch ihren zögernd gegebenen Auftrag an Christoph Kolumbus, den Seeweg nach Indien zu erkunden, dessen Folge die für Spanien wie für ganz Europa so bedeutsame Entdeckung Amerikas war.

Die Bleisärge Ferdinands und Isabellas in der Kathedrale von Granada

Denkmal Christoph Kolumbus' in Barcelona

Toledo, bis 1559 Residenzstadt Spaniens, war auch die Wahlheimat des vielleicht größten spanischen Malers El Greco. Er verkörperte in seinen Bildern jene typisch spanische Religiosität und schuf in seinen Porträts spanischer Edelleute Charakterstudien von zeitloser Gültigkeit.

Blick über den Tajo auf die alte Königsstadt Toledo

Das Begräbnis des Grafen Orgáz. Gemälde von El Greco

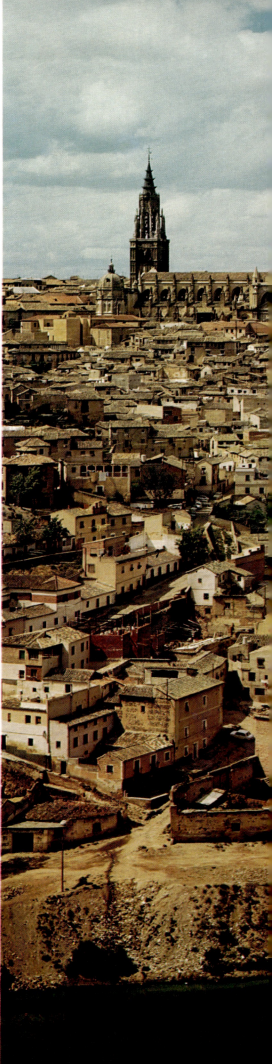

Spaniens größter König, Philipp II., der Sohn des Habsburger-Kaisers Karl V., der im Hinblick auf die Eroberungen in Nord- und Südamerika sagen konnte, daß in seinem Reich die Sonne nie untergehe, ist als Herrscher wie als Mensch von Tragik überschattet. Er verlor die Schlacht gegen England und die stolze Armada, die größte Flotte, die die Welt gesehen hatte; er verlor die spanischen Niederlande; er war das Haupt der Gegenreformation, deren Ziel von der Inquisition trotz unzähliger Ketzerverbrennungen nicht erreicht wurde; er überlebte vier Frauen und begrub viele seiner Kinder. Er gab Spanien seine neue Hauptstadt Madrid, baute sich selbst aber fern von der Hauptstadt seine Residenz, den Escorial, der Schloß, Kloster und Grablege für die Mitglieder seiner Familie war.

Blick auf den Escorial Philipps II.

Mit der Gestalt des Ritters Don Quichote schuf der Dichter Cervantes eine Gestalt der Weltliteratur, in der sich spanisches Wesen verdichtet darstellt und erhellt wird.

Denkmal des Don Quichote und seines Knappen Sancho Pansa auf der Plaza España in Madrid

Spanische Windmühlen, wie sie auch aus der Geschichte Don Quichotes bekannt sind

Spaniens Nationalheiliger ist der Apostel Jakobus, Santiago, dessen Reliquien in der Krypta der Kathedrale von Santiago de Compostela ruhen. Zu dieser Wallfahrtsstätte zogen seit dem frühen Mittelalter Pilger aus ganz Europa.

Fassade der Kathedrale von Santiago de Compostela

PORTUGAL

im Westen der Iberischen Halbinsel ist Europas Vorposten am Atlantik, dessen Wellen die Küste zerklüfteten, auf dessen Wogen aber portugiesische Seeleute wie Magellan, Vasco da Gama zur Entdeckung der Welt ausfuhren und sie erstmals umsegelten.

Portugiesische Algarve-Küste bei Portimão

Lissabon, die Hauptstadt des Landes, ehrte seine großen Seefahrer mit einem Seefahrer-Denkmal. Die Verbindung zur Kultur des Nachbarlandes Spanien und die Einflüsse auch des Maurischen zeigt die bizarre Gotik der Kathedrale von Batalha, der Grablege der Könige von Portugal.

Seefahrer-Denkmal am Hafen von Lissabon

Kathedrale von Batalha

Der Turm von Belém, Wachtturm und zugleich Teil eines Klosters, weist noch einmal auf die zwei Gesichter hin, die gerade die Iberische Halbinsel zu einem Land „am Rande Europas" machen. Hier begegnet Europa im prägenden maurischen Stil dem nahen und doch ganz anderen Kontinent Afrika und dem Orient. Vielleicht ist diese Begegnung der Grund dafür, daß diese Halbinsel zugleich kühne Weltumsegler, glühende Mystiker, Mönche und Ritter, die Inquisition und Gestalten wie Don Quichote und Sancho Pansa hervorbringen konnte.

Der Turm von Belém

SPANIEN:
FESTUNG IM WESTEN EUROPAS

Schaute man vom alten Griechenland nach Westen, dorthin, wo die Sonne untergeht, so lag in der äußersten Ferne ein Sagenland: Spanien. Dort hatte der Heros und Halbgott Herakles die später nach ihm benannten Säulen aufgerichtet, die kein Sterblicher passieren sollte, ohne den Zorn der Götter auf sich zu ziehen. Dort hüteten die Abendtöchter, die Hesperiden, die wunderbaren goldenen Äpfel, und der Riese Atlas trug das ganze Firmament auf seinem Rücken. Jenseits stieß man ins Unbekannte und Unbenannte vor, wo der Okeanos wie ein gewaltiger Drache die Erde umschloß und die Schiffe verschlang, statt des braven, wenn auch gelegentlich übellaunigen Mittelmeeres.

Spanien, das Land der Iberer, lag am Rand der Geographie und der Geschichte, und ein bißchen liegt es auch heute noch am Rand Europas, weiter nach Süden ausladend als die Insel Sizilien und weiter nach Westen vorstoßend als England und Schottland und nur noch von Irland überboten. Von Nordafrika aus gesehen, war es hingegen nah, ein Katzensprung über eine Meerenge, und aus Nordafrika sollen die ersten Einwohner, die Iberer, gekommen sein. Sicher ist, daß die ersten Eroberer Afrikaner waren – nämlich jene Karthager, die im Westen des Mittelmeers das Erbe ihrer Vorfahren, der Phoiniker, angetreten hatten. Seit dem 4. Jahrhundert vor Christus kontrollierten sie die Südküste Spaniens zwischen ihren Städten Cádiz und Cartagena (dessen Name noch an sie erinnert). Die Karthager schalteten in diesem ihrem Bereich die Griechen aus, die sich von Marseille aus vorgetastet hatten, und schlossen mit den Römern einen Vertrag, der den Karthagern Spanien bis zur Ebromündung zusicherte.

KARTHAGER UND RÖMER

Auch die Karthager hatten schon Vorgänger gehabt, denn jenseits der Säulen des Herakles (der Felsen Gibraltar und Dschebel Musa) begann nicht nur das Märchenland, sondern waren sehr handfeste Interessen wahrzunehmen. Dort hatte die blühende Handelsstadt Tartessos gelegen, die in einem berühmten Vers des Alten Testaments als reich gerühmt wird („die Könige von Tarsis werden dir Geschenke bringen"). Nachdem die Karthager diese Konkurrenz so gründlich zerstört hatten, daß heute die Archäologen vergeblich nach ihren Spuren suchen, trat ihre Stadt Gades (Cádiz) das Erbe an. Der natürliche Hafen, den die Bucht von Cádiz bildet, war der Umschlagplatz für das, was Spanien zu bieten hatte: Silber vor allem. Es heißt, daß in der karthagischen Herrschaftszeit 40 000 Sklaven täglich bis zu zweihundert Kilogramm Silber gewannen. Noch wichtiger für den täglichen Gebrauch war in jener viel früheren Epoche, die wir die Bronzezeit nennen, das Zinn, das, mit Kupfer legiert, den wichtigsten Werkstoff für Waffen und Gerät abgab; und Zinn wurde in Nordspanien, vor allem aber im englischen Cornwall abgebaut, und der Hafen von Cádiz war der Umschlagplatz für dieses englische und nordspanische Metall. Es gab also allerhand Anlaß dafür, daß die Großmächte und Handelsgiganten sich um Spanien kümmerten, und in den sogenannten Punischen Kriegen zwischen Rom und Karthago ging es nicht nur nebenbei um Spanien und seine Bergwerke. Die Seeherrschaft des einen oder des anderen mußte durch ‚Abrundung', durch Einbeziehung der spanischen Küste, ver-

vollständigt werden, und die Römer hatten keine Ruhe, bis sie am Ende Karthago selbst so gründlich und so unerfreulich für Archäologen zerstörten, wie es die Karthager mit Tartessos getan hatten. Systematisch-gründlich waren die Römer auch in der Eingliederung Spaniens in ihr Reich. Es wurde in Provinzen eingeteilt, Süd, Nord, West (West war das spätere Portugal), mit Straßen durchzogen, mit Wasserleitungen versorgt, mit der Einheitssprache Latein versehen. Die Stämme im Innern und im gebirgigen Norden, schon damals stolze Spanier, wehrten sich und wurden am Ende ihrerseits romanisiert. Ein einziger Stamm, der sich in die Pyrenäentäler zurückgezogen hatte, bewahrte und bewahrt noch heute die eigene, nicht-indoeuropäische Sprache: die Basken.
Mit der Eroberung Spaniens war ein wesentliches Ziel römischer Politik abgeschlossen: das Mittelmeer war „mare nostrum" („unser Meer"). Zweitausend Jahre später hat der Faschismus diese Realität noch einmal nachzuträumen gewagt, leichtsinnigerweise, muß man, das Ergebnis kennend, sagen. So erstaunlich schnell wie die ans Imperium angeschlossenen Gallier rückten auch die Hispanier in führende Stellen des politischen und kulturellen Lebens ein: zwei von den drei Idealkaisern des 2. Jahrhunderts nach Christus, Trajan und Hadrian, stammen aus Spanien, und aus Spanien kam der Schriftsteller Seneca, der den Römern Moralphilosophie predigte, leider aber bei seinem prominentesten Zögling, dem Kaiser Nero, wenig Lehrerfolg hatte. Noch heute sind die Spanier auf diesen ihren Anteil an den römischen Geschicken stolz, und besonders stolz darauf, daß ihr Beitrag mit den beiden guten Kaisern und dem Tugendprediger Seneca so moralfördernd war. Eine gewisse steife Würde, ein in Anfechtungen durchgehaltener Charakter, die stoische Verachtung des Schmerzes und des Niedrig-Materiellen gelten seitdem als spanische Züge.
Allerdings waren die romanisierten Hispanier oder Iberer nicht stolz und tatkräftig genug, ihre Selbständigkeit zu verteidigen oder wiederzugewinnen, als das Römische Reich zusammenbrach. Es wiederholte sich statt dessen jene Zangenbewegung von Nord und Süd aus, die sechshundert Jahre vorher Spanien zum Zankapfel zwischen Rom und Karthago gemacht hatte. Von Norden, über die Pyrenäen, drangen germanische Stämme ein: die Alanen, Sweben, Wandalen und Westgoten. An die Goten erinnert Katalonien (Gotalonien), an die Wandalen (W)Andalusien. Die Westgoten brachten es sogar zu einem Königreich, das in seinen besten Zeiten, Ende des 5. Jahrhunderts, Südfrankreich und Nordspanien vereinigte (Tolosanisches Reich) und dem nördlicheren Frankenreich ernsthaft Konkurrenz machte. Auch die Westgoten wurden schnell romanisiert und christianisiert, und Spanien wäre ein romanisch-germanischer Mischstaat geworden wie das Frankenreich, wenn nicht von Süden, von Afrika her, das andere Zangenende zugebissen hätte. Die Dreihundertjahrspanne zwischen dem einen und dem anderen Ereignis, dem Eindringen der Westgoten von Frankreich her und der Landung der Araber von Afrika aus, schrumpft in weltgeschichtlicher Perspektive zusammen. Das Westgotenreich stellte sich als Kartenhaus heraus, sobald ein Finger etwas unsanft daranstieß. So schnell die Römer Spanien kassiert hatten, nachdem der karthagische Widerstand zusammengebrochen war, so rasant rückten die Araber nach Norden vor, als das westgotische Heer im äußersten Süden überrannt worden war. In drei Jahren war Spanien erobert, eine weitere Provinz des Reichs der Omajjaden, die in Damaskus residierten.

Wieder war Spanien das andere Ende der Welt, aber nicht für lange. Die Omajjaden wurden von den Abbasiden gestürzt, und ein flüchtiger Omajjade machte sich in Spanien selbständig. Das war 756; einer seiner Nachfolger löste Spanien auch aus geistlicher Abhängigkeit, 929 entstand das Kalifat von Córdoba. Spanien hatte zum ersten Mal Eigenständigkeit gewonnen – als ein islamisches Land unter einer fremden Herrschaft.

MAUREN UND CHRISTEN

Man kann die folgenden Jahrhunderte unter zwei gegensätzlichen Gesichtspunkten betrachten: vom christlichen Standpunkt aus war Spanien in die Hände der Ungläubigen gefallen, ein gewaltiges Unglück, fast so schwer zu tragen wie der Verlust des Heiligen Landes. Es mußte rückerobert werden, und diese Wiedereroberung (Reconquista) bildet für fast acht Jahrhunderte, bis zum Fall Granadas 1492, den eigentlichen Inhalt der spanischen Geschichte. Man kann aber auch umgekehrt argumentieren: die Herrschaft der Mauren (das war der von den Christen bevorzugte Name für die spanischen Araber) war eine kulturelle Blütezeit, wie sie Spanien nie wieder, nicht einmal in seinem ‚goldenen Jahrhundert', erreicht hat. Das offizielle Spanien nimmt selbstverständlich den ersten Standpunkt ein; es ist ja das Land der christlichen Sieger, die die Mauren verjagten und die große spanische Epoche heraufführten, das Reich schufen, in dem die Sonne nicht unterging. Aber in der spanischen Kultur, unter Künstlern und Intellektuellen, gibt es durchaus ein Heimweh nach der Maurenzeit und zugleich ein Bewußtsein von der Bedeutung der wunderbaren Mischkultur, die sich zuerst unter den Kalifen von Córdoba entfaltete. Wenn man will, kann man aufgrund dieser Scheidung der Geister und der Sympathien zwei Spanien unterscheiden: das strenge, stolze, karge des Nordens, des Burgenlandes Altkastilien, des Berglandes Navarra einerseits, das üppig blühende, tänzerische, leidenschaftliche des Südens andererseits, das mit der Landschaft Andalusien und den Städtenamen Córdoba, Sevilla und Granada verbunden ist.

Wie auch sonst hat sich die Wirklichkeit um solche scharf ausgeformten Gegensätze nicht allzusehr gekümmert, und objektiv darf man in aller Ruhe feststellen, daß Spanien zwar das Land der Reconquista ist und stärker noch als Italien ein Pfeiler des Katholizismus, daß es aber immer zugleich ein Land der Mischungen und Versöhnungen, des friedlichen Zusammenspiels der Kulturen und Religionen war und daß zu seinem schließlichen Unglück nichts so sehr beigetragen hat als jener Fanatismus, der die Mauren und die Juden aus dem Land vertrieb, die Häretiker auf die Scheiterhaufen führte und zum ersten Mal in der Geschichte Europas den Kult der Reinheit auf die Rasse, also auf das Blut, und nicht auf den Geist bezog. Gewiß, wer sich taufen ließ, war keiner rassischen Verfolgung mehr ausgesetzt (so weit haben es erst die Nazis getrieben), aber der Verdacht, daß diese Übergetretenen nur *pro forma* ihr Bekenntnis abgelegt hätten, blieb an ihnen hängen, vergiftete die Atmosphäre, ermunterte die Denunzianten, lockte alle, die von Beschlagnehmungen zu profitieren gedachten. Am Ende hatte das weltmächtige Spanien, das Land der allerkatholischsten Majestäten,

seine fleißigsten Einwohner ausgebürgert, sein Handwerk zu Tode drangsaliert, seinen Handel an klügere und tolerantere Konkurrenten abgeben müssen und blieb wie eine hochmütige alte Jungfer mit leeren Händen auf seinen kargen Hochländern sitzen.
Von spanischer Kultur reden heißt jedenfalls zunächst: ein Wort über maurische Kultur sagen. Wie im Orient war die Basis dieser Kultur das Handwerk; der Reichtum steigerte dessen Leistungen zu hoher Kunst. Leder, Silber, Seide, Stahl waren die Materialien dieses Kunsthandwerks. Da der Islam kein Abbild von Mensch und Natur erlaubte (oder doch nur gelegentlich duldete), verfeinerte sich an der Stelle von Malerei und Skulptur die Ornamentik aufs äußerste: in Schnitzwerk und Schriftzeichen, in Gartenkunst und Teppichmuster, in Spitze und Filigran. Als ein Wunderwerk der Baukunst entstand unter den Kalifen von Córdoba der Säulenwald der gewaltigen Moschee mit ihren neunzehn Langschiffen und dreiunddreißig Querschiffen, mit den eintausendvierhundert Säulen und den an reichgeschnitzten Ebenholzdecken hängenden viertausendsiebenhundert Silberlampen. Von den zahlreichen Bauten der arabischen Hochkultur in Spanien hat sich wenig erhalten: der Turm der Giralda in Sevilla, die Alhambra in Granada, der Alcázar in Toledo, aber wer durch die bewässerten Gärten der südlichen Ebenen fährt, zwischen Orangen, Mandeln, Pfirsischen, Feigen, Melonen, wer in den Parks Palmen und Kamelien, Flieder und Jasmin bewundert, wandelt immer noch auf arabischer Spur.
Um die Mitte des 10. Jahrhunderts war Córdoba die größte Stadt Westeuropas und wurde im Osten nur von Konstantinopel überboten. Es soll, folgt man den immer etwas großsprecherischen arabischen Angaben, 113000 Wohnhäuser, 600 Moscheen, 300 Bäder, 50 Hospitäler, 80 öffentliche Schulen, 17 höhere und hohe Schulen, 20 öffentliche Bibliotheken besessen haben. Auch wenn wir fortschrittlichen Nordländer uns dagegen sträuben: Die schlichte Wahrheit ist, daß es Apotheker und Buchhändler, Teppiche und Wasserleitungen, Hygiene und Kosmetik, organisierte Armenfürsorge und Krankenpflege, Mathematik und Medizin, Befestigungstechnik und Kompositionskunst eher im maurischen Spanien und sarazenischen Sizilien gegeben hat als im Abendland. Kein Wunder, daß zuerst Südfrankreich und Italien von diesem südnördlichen Kulturgefälle profitierten.
Wissenschaftspflege war in Spanien wie in Sizilien ebenso selbstverständlich wie Toleranz. Bücher galten als kostbarster Besitz, Gelehrte, ob Christen, Juden oder Mohammedaner, standen in gleichem Ansehen, und der Austausch wurde durch ganze Übersetzerschulen betrieben und gefördert. Griechisches Wissen, von den Schriften des Aristoteles bis zu medizinischen und mathematischen Traktaten, wanderte auf dem Umweg über das Arabische in Abendland. Die Duldsamkeit gegen Andersgläubige, schon von Mohammed selbst empfohlen, half auch diesem kulturellen Zusammenwirken nach. Christen und Juden durften ihren Religionen weiter anhängen, die arabischen Herren heirateten spanische Frauen und ließen sich von christlichen Sklavinnen verwöhnen. Da nur Juden und Christen Steuern zahlen mußten, war es übrigens vorteilhaft, zum Islam überzutreten. Allerdings bekam später auch bei den Mauren eine strengere, puritanische und christenfeindliche Richtung die Oberhand; dann herrschte Eroberungsgeist mit Feuer und Schwert. Aber viel charakteristischer war das friedlich-geschäftige Nebeneinander der Bekenntnisse, und auch als die Christen vom Norden her Spanien allmählich aufrollten, ließen sie ihrerseits zunächst die tüchtigen maurischen Untertanen ungeschoren.

Die Universität, die der höchst gelehrte König Alfons VI. in Salamanca schuf, hat die Übersetzer- und Vermittlertradition der maurischen Kultur mit Feuereifer fortgesetzt, und der maurische Stil dauerte als ‚estilo mudéjar' auch unter den Christen fort.

DER HEILIGE JAKOB UND SANKT IGNATIUS

Die Westgoten, die 711 so schnell besiegt worden waren, verschwanden nicht, sondern begannen schon ein paar Jahre später die Gegenoffensive. Sie hatten sich in jenem wilden asturischen Bergland eine Basis geschaffen, das heute, nicht mehr von Hirten, sondern von Bergarbeitern bevölkert, immer noch als ziemlich rebellisch gilt. Arm und tapfer, wie sie waren, bedurften sie des Schutzes Gottes und der Heiligen, und die Heilige Jungfrau kam ihnen ebenso zu Hilfe wie der heilige Apostel Jakobus, dessen Grab unversehens im äußersten Nordwestwinkel Spaniens, in der Landschaft Galicien, entdeckt worden war. Dort entstand die Wallfahrtsstadt Santiago (= Sant' Jago, heiliger Jakob) de Compostela, zu der die Christen aus aller Welt ebenso leidenschaftlich pilgerten wie nach Rom oder Jerusalem. Man zog gewissermaßen bis ans Ende der Welt; Finisterre heißt das Kap, das hinter Santiago schroff in den wildaufschäumenden Atlantik fällt.
Pilgergeist und Kreuzzugsgeist verbanden sich in Frömmigkeit und Kampfeswillen; der heilige Jakob wurde der *Matamoros,* der Maurentöter, und die Heilige Jungfrau entschied die erste Schlacht gegen die Mauren in der Wildnis von Covadonga. So ging es in immer neuen Kreuzzügen weiter, und wenn die Mauren drei Jahre gebraucht hatten, um die Halbinsel von Süden nach Norden zu durchqueren, so brauchten die christlichen Ritter nun zweihundertfünfzigmal so lang, bis das letzte Maurenbollwerk fiel. Es wurde nicht die ganze Zeit gekämpft, bewahre, aber die spanische Mentalität, die Neigung zu kühnen Taten und großen Worten, zu christlichem Heldentum eher als zu christlicher Liebe, ist die Frucht dieser Dauerkämpfe. Es lohnt sich für den Spanienreisenden dieses zähe Ringen in seinen Stationen nachzuvollziehen: von der Keimzelle Oviedo über die alte Königsstadt León bis zu den Hauptstädten Burgos und Toledo und den Festungsstädten Segovia und Ávila. Helden und Heilige, Heilige und Helden, so ziehen sie in langer Reihe vorbei: vom Cid Campeador, dem Maurenbesieger, bis zu dem Ritter von der traurigen Gestalt, Don Quijote de la Mancha, der seinen Bedarf an grimmigen Feinden bei Windmühlenflügeln und Schafherden deckte; vom Ketzerbekehrer Dominikus bis zu jenem baskischen Offizier aus Loyola, der verwundet von der militärischen Strategie zur geistlichen überwechselte, das Exerzieren durch Exerzitien ersetzte und als ein geistlicher Hauptmann die Jesus-Kompanie, später Jesuiten genannt, begründete. Es glühte in diesen frommen Spaniern von kühner Mystik und spekulativer Theologie, und ihr König Philipp stellte sich, als plötzlich der Glaube nicht mehr von den gottlosen Mauren, sondern von den abgefallenen Deutschen, Niederländern und Engländern bedroht war, als ein unbeirrbarerer, willensstärkerer und einsatzfreudigerer Verteidiger der Kirche heraus als selbst der Papst in Rom. Glaubenseifer war es schon gewesen, der das Königspaar Ferdinand und Isabella bewogen hatte, die Schiffe des Columbus auszurüsten, um nach der Eroberung

Granadas nach weiteren Missionsgebieten Ausschau zu halten. Das Gold freilich, von dem Columbus berichtete und von dem bald alle Welt fabelte, war nicht dazu angetan, die spanische Frömmigkeit zu nähren. Mit ihm beginnt ein neues und eher trauriges Kapitel der spanischen Geschichte.

GOLD, SILBER, UNTERGANG UND HOFFNUNG

Weder die christlichen Spanier noch die Mauren waren Seefahrer: die einen waren zu arm, die anderen zu reich. Eine Ausnahme bildete allein die dem wilden Atlantik zugewandte Westküste mit den Landschaften Galicien und Portugal. Portugal war von Hause aus eine Grafschaft wie viele andere; es mauserte sich zum Königreich wie León, Aragonien, Navarra, auch das war nichts Besonderes, und es wurde wie diese anderen Königreiche mehrfach zur Krone von Kastilien geschlagen, zuletzt unter dem großen und gestrengen Philipp II. Seine Besonderheit war nur, daß es aufs Meer schaute und sich dem Meer anvertraute. Ein portugiesischer Prinz bekam einen Beinamen, den sonst kein anderes gekröntes Haupt führt: Heinrich, der Seefahrer (1394–1460), errichtete im südwestlichen Winkel Europas, am Kap San Vicente, eine Sternwarte, stieß bis zu den Azoren, nach Madeira, bis zum Senegal, Gambia und Golf von Guinea vor und legte den Grund für Portugals künftige Macht. Die Portugiesen fanden den Seeweg nach Indien, verbündeten sich mit England, brachten den Gewürz- und Sklavenhandel in ihre Hand und teilten sich mit den Spaniern die Neue Welt. Als Zeitgenossen haben wir erlebt, wie diese erste Kolonialmacht Europas auch die letzte geblieben ist; noch immer gehört ihr nach dem Verlust Angolas, Mozambiques, Goas und Timors das chinesische Macao. Noch immer ist das kleine Land auf der einen Seite des Atlantiks mit dem gewaltigen portugiesisch sprechenden Brasilien auf der anderen Seite durch besondere Bande verknüpft wie England mit den USA, und mit der eigenen, weichen Meeressprache schließt es sich gegen das rauhe, willensstarke Spanisch in seinem Rücken ab. Es hat eine Revolution der Nelken und einen Fast-Bürgerkrieg fast ohne Tote zustande gebracht, ein Musterland sanfter Liebenswürdigkeit, das den hartmachenden Widerstreit von Maurisch und Christlich nie ganz nachvollzogen hat.

Die Spanier waren keine Seefahrer und wurden es nicht einmal, als die Entdeckung Amerikas durch den Genuesen Cristoforo Colombo ihnen einen ganzen Kontinent in die Hand spielte. Sie waren rauhe, erprobte, eroberungstüchtige Soldaten und blieben es: eine Kompanie Soldaten eroberte das Aztekenreich, eine zweite das Reich der Inkas, Hand- und Husarenstreiche, mit Tollkühnheit und Grausamkeit durchgeführt, keine Ruhmestitel der Humanität, aber militärisch zu bestaunen. Die amerikanischen Indianerreiche waren kultiviert wie die der Mauren, aber die Kommandeure Cortes und Pizarro entdeckten die schwachen Stellen, und mit Pferden und Gewehren ersetzten sie, was ihnen an Mannschaftszahl abging. Sie bekehrten nebenbei die Eingeborenen zum Christentum, aber für sie wurde bald zur Hauptsache, was schon bei allen Kreuzzügen vorher unterschwellig mitgewirkt hatte: die Neue Welt war ein Eldorado, ein Goldenes Land, man brauchte nur zu scheffeln, und wenn nicht Gold, dann fiel wenigstens Silber in Barren und Brocken ab. Spanien wurde das Land der großen Beutezüge, des

Gold- und Silberrauschs, des neureichen Übermuts, der klirrenden Prahlerei, und wie zu der Phoiniker Zeiten liefen die Flotten schwer und kostbar beladen in die Häfen von Cádiz und Sevilla ein. Mexiko und Peru wurden Wunderworte, ein Dummkopf, wer da noch ernstlich arbeitete, statt als Hidalgo durch die Straßen zu stolzieren, den Damen aufzuwarten, am Königshof Komplimente zu drechseln. Alles fiel Spanien zu, sichtbar lag Gottes Segen auf seinem Tun und Nichts-Tun, und siehe da, auf einmal war es mit dem mächtigen Habsburgerreich verbunden, und halb Italien gehörte dazu, die Niederlande wurden geerbt, mitsamt ihrem Reichtum, Frankreich würde bald von Ost und Süd eingeschnürt sein, England war zwar vom wahren Glauben abgefallen, aber man würde es wiedergewinnen, wenn nicht durch Heirat, dann durch Eroberung. Spanien war als erstes Land Europas zur Weltmacht aufgerückt.

Ach, es war die Art von Macht, die so schnell zerrinnt, wie sie gewonnen worden ist. Die Stationen: die ‚katholischen Könige' Ferdinand und Isabella vertreiben Juden und Mauren, machen aus der Inquisition eine Staatseinrichtung; Karl V. schlägt den Städteaufstand der Comuneros nieder und unterdrückt die tragende Schicht des spanischen Bürgertums; Philipp II. verliert die Niederlande, den reichsten Teil seiner Erblande, und büßt im Krieg gegen England die Flotte, die großmächtige Armada, ein; unter Philipp III. werden schließlich die Morisken, die Nachkommen der getauften Mauren, aus dem Land gejagt, und Spanien wird eine Nation von Hidalgos, von geadelten und arbeitslosen Habenichtsen. Die Rückschläge folgen hart auf hart, und langsam schlägt das Selbstbewußtsein der Welt-

Stierkampf, Radierung von Francisco Goya.

macht in ein traumartiges Gefühl der Vergänglichkeit alles Irdischen um. Nicht mehr der Wille ballt die Fäuste und beißt die Zähne zusammen, sondern die Phantasie bemächtigt sich eines Volkes, das hinter Gold und Glanz und Pracht die Fadenscheinigkeit des Irdischen erkennt. Dies ist der Augenblick, wo die spanische Kunst zum ersten Mal eine europäische Rolle spielt: Weltmacht und Vergänglichkeit, Stolz und Zerknirschung, Ehre und Verrat sind die Themen; ‚barock' wird man später den Stil nennen, das Schnörkelhafte, Ausgeklügelte, das Pomphafte und Pointenreiche, die große Dramatik, aber auch die federleichte Eleganz. Wie eine Balken-Überschrift steht über dem Ganzen der Titel eines Theaterstücks von Calderón: ‚*La vida es sueño*', das Leben ein Traum. Wie auf ein Zauberwort sind die großen Künstler und Dichter da, tummeln sich, schreiben Hunderte von Stücken, malen alle Galerien voll: Calderón, Lope de Vega, Cervantes; Ribera, Murillo, Velásquez, El Greco. Ein spanisches Gehabe erobert im katholischen Europa Moden und Mentalitäten: Gravität und Grandezza. Aus Konkurrenzgründen folgen die strengen Protestanten, die Puritaner, nach. Würde verkörpert sich im ernsten Schwarz der Kleidung, in der gestärkten Halskrause, die das Küssen erschwert, im Reifrock, der jede intime Annäherung untersagt. Die Stücke auf der Bühne heißen „de capa y espada", Mantel- und Degenstücke, das Duellieren wird so wichtig wie das Lieben, fortwährend muß verletzte Ehre wiederhergestellt, Schande mit Blut abgewaschen werden. Seitdem sind ‚stolz' und ‚spanisch' gleichbedeutend, und Spanien findet sich ebenso wieder in dem närrischen Träumer Don Quijote wie in dem zynischen Liebhaber und Spötter Don Juan, den zum guten Schluß das göttliche Strafgericht trifft und in die Hölle schickt.

Wie dieses Träumerland Spanien Stück um Stück alles verlor: das ganze gewaltige Süd- und Mittelamerika, die Quelle seines Reichtums, zuletzt die Reste – Cuba, Puerto Rico, die Philippinen –, ist eine desolate Geschichte. Wie es sich in endlosen Thronstreitigkeiten selbst lähmte, wäre nicht weniger betrüblich zu erzählen. Von dem einen großen Anfall von Tapferkeit, dem Guerillakrieg gegen die Armeen Napoleons, sind nur die grausigen Szenen übriggeblieben, die der Zeitgenosse Francisco de Goya gemalt und gezeichnet hat, „*Los desastres de la guerra*", Albträume des Schreckens. Es gehörte am Ende des letzten Jahrhunderts eine ungeheure Energie dazu, sich wieder aufzuraffen, nachdem auch das letzte verloren war, wieder anzufangen, diesmal nicht mehr fanatisch spanisch, sondern sich Europa öffnend, Europa nachholend, mit der Forderung nach einem modernen Spanien. Auch das ging, wie man weiß, nicht gut, endete in einem Bürgerkrieg, der alle „desastres" Goyas wiederholte. Der Dichter García Lorca, der das betörende Traumspiel des maurischen Andalusien ebenso beherrschte wie die Trümpfe und Tricks der Moderne, wurde wie viele tausend Arbeiter, Bauern und Intellektuelle von ‚Rechten' umgebracht, während die ‚Linke' Priester, Mönche, Gutsbesitzer, Honoratioren und Arbeiter und Bauern der anderen Seite ebenso wahllos liquidierte. Es war wie blutige Ironie, daß die ‚Rechte' diesmal ihren Sieg am Ende mit Hilfe marokkanischer Kolonialregimenter errang: die Mauren standen diesmal auf der Christenseite.

Es gibt auf dem schmalen Pfad, den Spanien heute zwischen Reaktion und Revolution wandern muß, um ein neues Gleichgewicht und zugleich den Anschluß an Europa zu finden, nur eine Hoffnung: daß diesmal das Kind gebrannt genug sei, um das Feuer zu scheuen.

IN DEUTSCHLAND,

das bis zum Ende des Mittelalters durch die Politik der Kaiser Ausgangspunkt einer übernationalen, europäischen Politik und Entwicklung war, brachte der Aufstieg der Städte einen Zugewinn bürgerlicher Freiheiten und Rechte, die Kaisern und Fürsten abgerungen wurden. Doch zugleich verhinderte die zunehmende Machtlosigkeit des „Reiches" das Werden eines Nationalstaates.

Der Roland von Bremen, Symbol bürgerlicher Rechte und Freiheiten

So ist das Land zwischen Alpen und Nordsee auch bis heute nicht in einer Hauptstadt wirklich repräsentiert, sowenig wie in den Hauptstädten der Bundesländer, die teilweise in den Grenzen der alten Stammesgebiete gebildet wurden. Vielfalt und Geschichte des Landes erschließen sich vielmehr in vielen, oft kleinen Städten und Burgen.

Das Gipfelkreuz auf der Zugspitze, Deutschlands höchstem Berg

Hafen Neuharlingersiel in Ostfriesland

Der Dom zu Bamberg, den Kaiser Heinrich II. gründete, und die mittelalterlichen Häuser und Gassen von Rothenburg ob der Tauber sind typische Stationen einer Reise durch das „romantische" Deutschland.

Blick auf den Kaiserdom zu Bamberg

Straße in Rothenburg ob der Tauber

Die landschaftlichen Unterschiede Deutschlands brachten auch in der Architektur der Burgen ganz unterschiedliche Formen hervor. So bildete sich im Flachland Westfalen der Typ der Wasserburg.

Westfälische Wasserburg Vischering

Die alte Bischofsstadt Paderborn, deren Dom den Typ der westfälischen Hallenkirche verkörpert, blickt auf eine Tradition, die bis zum Treffen Karls des Großen mit Papst Leo III. im Jahre 799 an den über 200 Quellen der Pader zurückreicht.

Der Turm des Doms und die Türme der Abdinghofkirche von Paderborn

Trotz schwerer Kriegsverluste besitzt Deutschland eine Fülle hervorragender Kirchenbauten, die vor allem in den Kirchen und Klöstern des süddeutschen Barocks und Rokokos einmalig in Europa sind.

Der Viktorsdom der aus einer Römersiedlung erwachsenen Stadt Xanten am Niederrhein

Innenraum der Klosterkirche Zwiefalten

Mittelpunkt des Frankenlandes ist Würzburg, die „Stadt des Barocks und Rokokos", die Stadt des Frankenapostels Kilian, die Stadt, in der Tilman Riemenschneider, einer der größten deutschen Bildschnitzer, lebte, die Stadt, in der Walther von der Vogelweide, Deutschlands größter Minnesänger, begraben ist.

Blick von der Mainbrücke auf die Feste Marienberg oberhalb von Würzburg

Beweis für die stolze Tradition der deutschen Städte und ihren Kampf um Freiheiten und Unabhängigkeit von nichtstädtischer Obrigkeit sind die Rathäuser, architektonische Blickpunkte im Bild der Städte und immer vom Stil der Landschaft geprägt.

Fachwerkrathaus von Duderstadt in Niedersachsen

Augsburg, die Stadt der Welthandelshäuser Fugger und Welser, die oft als Finanzhelfer des Kaisers einsprangen, war die führende Handelsstadt im Süden Deutschlands. Für den Weitblick der großen Handelsherren zeugt ebenso eine Expedition der Welser nach Venezuela wie die „Sozialsiedlung" der Fuggerei.

Blick über Augsburg auf das Rathaus

Die Stadt Lübeck war im Mittelalter der führende Ort der Kaufmannsgesellschaft der Hanse, die von Lübeck aus den Ostseeraum wirtschaftlich beherrschte, die aber auch Handelskontore in London, Norwegen und Nowgorod unterhielt. Auch für lübischen Kaufmannsgeist ist das soziale Engagement, wie es sich im Heilig-Geist-Spital zeigt, bezeichnend.

Das Holstentor in Lübeck

Kleine Residenzstädte der vielen bis ins 19. Jahrhundert in Deutschland noch regierenden Fürsten sind so bezeichnend für die Geschichte dieses Landes wie die vielen romantischen Städte an den Ufern der mit Weinreben besetzten Hänge von Main, Mosel und Rhein.

Hof von Schloß Weilburg in Hessen

Östrich am Rhein

Der Rhein, von dem der Dichter Ernst Moritz Arndt 1813 gesagt hatte „Deutschlands Strom, nicht Deutschlands Grenze", ist heute mehr denn je im Laufe deutscher Geschichte wirkliche Verbindung nach Europa, das sich in Straßburg am Rhein ein europäisches Parlament zu geben anschickt.

Der Rhein mit Burg Gutenfels und der alten Zollburg Kaub

DEUTSCHLAND UND SEINE NACHBARLÄNDER: DAS SCHICKSAL DER MITTE

Das Wort ‚Mitte' hat, wie wir nicht nur aus der Politik wissen, seinen besonderen Klang. Es legt nahe, an Mittelpunkt, Kern, Zentrum zu denken, an Lenkung und Ausstrahlung, an Werden und Wachstum, an den richtigen Weg („die goldene Mitte") und das erstrebenswerte Ziel. So läßt sich eine Art Mystik der Mitte erzeugen, und das Reich, das im 10. Jahrhundert, vor rund einem Jahrtausend also, in der Mitte Europas entstand, als wiedergeborenes Römisches Reich mit ganz neuen Konturen und einem neuen Trägervolk, den Deutschen, hat sich gern auf diese seine Mittellage und die daraus erwachsende Mittlerrolle berufen. Aber realistischerweise muß man gegen solche verklärenden Ausdeutungen die Tatsache stellen, daß ein Erdteil nichts Organisches ist wie eine Frucht, die um ihren Kern wächst, nichts Physikalisches wie eine Sonne, um die Planeten kreisen, sondern nur eine ausgedehnte Fläche, um deren Besitz sich Ein- und Anwohnende, die dort wohnenden Völker und ihre Nachbarn, streiten. Unter diesem Gesichtspunkt heißt Mittellage vor allem, daß mehr Nachbarn da sind als bei Randlage, also potentiell auch mehr Interessenten oder Gegner. Ein Land in Mittellage ist also immer besonders vielfältiger Bedrohung ausgesetzt, und es gibt denn auch, wenn man die Geschichte mustert, wenig Beispiele für Imperien, die aus einer Mittellage aufgebaut worden sind. Selbst das Reich der Mitte, China, hat die See im Rücken, und die mittelasiatischen, mittelafrikanischen, mittelamerikanischen Staatsbildungen sind schnell vergangen oder haben es nicht weit gebracht.
Das Schicksal des Deutschen Reiches ist ein Musterbeispiel für die Gefahren der Mittellage: es begann wenigstens im Anspruch gesamteuropäisch, hielt in seiner größten Zeit nominell viele Länder Europas in Abhängigkeit, verfügte aber nie über die Mittel, lockere Oberhoheit in tatsächliche Macht umzusetzen. Es wuchs auch nicht um ein stabiles Machtzentrum, es lagerte sich nichts an, sondern war fast immer während seiner tausendjährigen Existenz in der Lage eines Mannes, der zuviel mit den Händen halten will und dem, während er nach dem einen greift, das andere schon entgleitet. Daher die Melancholie des Gesamtschauspiels, die Umkehrung dessen, was man das Wachstum einer Nation nennt – ein trübseliger Prozeß der Schrumpfung, des Abfalls, des Selbständigwerdens der Teile: Burgund, Schweiz, Dänemark, Polen, Böhmen, Niederlande, Belgien, Luxemburg, Österreich, bis zum vorläufigen Schlußstrich, der Restdeutschland einer Art polnischer Teilung unterworfen hat. Der größere der beiden Teilstaaten, die Bundesrepublik Deutschland, ist heute kleiner als Frankreich, Spanien, Italien, Schweden, Norwegen, Finnland, Jugoslawien, Polen, wenig größer als Großbritannien und Rumänien. Die DDR steht ihrer Quadratkilometerzahl nach in der Mitte zwischen Bulgarien und Island. Allein der europäische Teil der Sowjetunion ist 22mal größer als die Bundesrepublik, 55mal größer als die DDR. Solche Zahlen sollen nicht erschrecken, sondern bewußtmachen, wie gefährlich der deutsche Traum war, eine Weltrolle spielen zu wollen. Ist man skeptisch und verschiebt die Wiedervereinigung der beiden deutschen Teilstaaten auf den Sankt-Nimmerleins-Tag, so muß die Formel lauten: West und Ost haben die Mitte endgültig untereinander aufgeteilt. Es gibt sie nicht mehr.

GLANZ UND ELEND DES REICHES

Wie das Imperium Karls des Großen war auch das Reich Ottos des Großen, das 962 begründet wurde, seiner Absicht nach nichts anderes als die Erneuerung des Römischen. Die Kaiserkrone selbst enthielt in sich den Anspruch, daß alle anderen Herrscher, welchen Titels auch immer, vom Kaiser abhängig, ihm tributpflichtig, von ihm einzusetzen seien. So wie seit dem 2. Jahrhundert Spanier, Afrikaner, Syrer, Illyrier die Kaiserkrone getragen hatten, so war sie nun an die Deutschen übergegangen, aber verliehen wurde sie noch in Rom, vom Papst als dem Stellvertreter des höchsten Herrn im Himmel. Ganz stattlich sah es scheinbar mit diesem Kaiserreich aus. In den alten Geschichtsbüchern liest man, daß der Polenkönig dem Kaiser Otto huldigte und ihm Tribut zahlte, daß Otto die Verhältnisse in Lothringen ordnete, daß die Herzöge von Capua und Benevent sich ihm unterwarfen. Sein Nachfolger Otto II. zieht nach Dänemark, gibt die Mark Österreich an die Babenberger, nimmt die Huldigung des Herzogs von Böhmen in Empfang. Er siegt in Süditalien über Griechen und Sarazenen. Verheiratet ist er mit der oströmischen Prinzessin Theophano; so wird die neue Kaiserherrschaft an die alte angebunden. Otto III., der Sohn der Theophano, denkt geradezu daran, Rom zu seiner Hauptstadt zu machen, gründet aber auch im Osten das Erzbistum Gnesen, wallfahrtet im Westen nach Aachen, zu Karls des Großen Grab. Das sind die Dimensionen: immer wenigstens Dänemark, Polen, Böhmen, Burgund, Italien einbeziehend, das Reich „von der Maas bis an die Memel, von der Etsch bis an den Belt". Die alten Geschichtsbücher vergessen zu erzählen, wie schwach dieser Herr des Abendlandes war. Sie schreiben, er zog „mit Heeresmacht" nach Italien oder gegen Frankreich, aber sie erwähnen nicht, wie schwer er es hatte, eine solche Heeresmacht aufzustellen, und wie schnell seine Macht zerfiel, wenn das Heer besiegt oder durch Seuchen dezimiert wurde. Manchmal enthalten sie melancholische Sätze wie diesen: „Das ganze Werk Heinrichs I. und Ottos I., die Aufrichtung eines Marken- und Bistumsgürtels östlich der Elbe, wieder vernichtet." Aber sie sagen nicht deutlich genug, daß dies nicht anders sein konnte, weil die angeblich römischen Kaiser nicht mehr den römischen Wirklichkeitssinn, die römische Vorsicht und Zähigkeit besaßen, sondern ohne Heer und Hauptstadt, mit wenig Macht und Geld nach dem Höchsten griffen, dem Schiedsrichtertum über das ganze Abendland. Es gab keine Legionäre mehr, keine Straßen, auf denen sie hätten marschieren, keine Münzen, mit denen sie hätten bezahlt werden können. Der Kaiser war abhängig von den Fürsten, die ihn wählten, und er verfügte allein nur über die Macht, die er als Fürst zuvor schon besaß.

Großartige Gestalten genug in diesem im ganzen jammervollen Panorama, der glanzvolle Barbarossa, der geniale Staufenkaiser Friedrich II., der von Sizilien aus Deutschland regiert, dann zum ersten Mal wirklich imperial durch Klugheit und Machtfülle, Karl V., Herr über Spanien und die Neue Welt, über die Niederlande und Italien. Aber der weise Karl V. dankt ab, weil er nicht einmal die neue Sekte bändigen kann, die in Deutschland hochgekommen ist, den Abfall des Doktor Luther; und nach ihm geben die Kaiser alle Welt-Ansprüche auf, es entsteht als ein ganz neues Gebilde, als Großmacht im modernen Sinne, die habsburgische Monarchie.

Um 1800 kommt die Sache zu einem vorläufigen Ende. In Frankreich setzt sich ein Feldherr, ganz im alten Römerstil, die Kaiserkrone auf – nicht die deutsche, aber die Karls des Großen. Der Papst darf dabeisein und den Kaiser salben. Wie Otto II. die oströmische Theophano, heiratet der neue Karlskronenträger Napoleon eine Kaisertocher, die des deutschen Kaisers, der aber in Wirklichkeit längst schon ein österreichischer ist. 1806 wird das deutsche Kaisertum in aller Stille begraben. Nimmt man den russischen Zaren dazu, der seine Kaiserkrone von Ostrom, Byzanz, herleitet, so gibt es nun drei Kaiser Europas, in West, Ost und Südost, und Deutschland ist zwischen den Herrschern geteilt, in eine französische und eine österreichisch-russische Einflußzone. Die alten Kronenträger, Österreich und Rußland, verbünden sich trotz Kaisertochterheirat gegen den Emporkömmling. Der verliert die Partie und die Krone. Aber die Fürsten, die er in Deutschland zu Königen gemacht hat, in Bayern, Württemberg und Sachsen, behalten ihre Würde. Deutschland existiert politisch nicht mehr.

Auf der anderen, der antinapoleonischen Seite hat ein anderer König gestanden, der von Preußen, und es ist hier in Erinnerung zu bringen, daß Preußen eigentlich ein östliches Königtum war wie Polen und Böhmen und daß der erste König, Friedrich I., sich in seiner Hauptstadt Königsberg krönen ließ. Auch die preußische Hauptstadt Berlin liegt nicht in Kerndeutschland, sondern auf altem östlichem Kolonialboden. So gehört es zu den Paradoxien der deutschen Geschichte, daß das Land der Mitte ohne eine Mitte ist. Die Teilstaaten haben sich meistens gegeneinander mit den Randstaaten Frankreich und England, Österreich und sogar Schweden verbündet, und so liegen denn nicht nur die Reichs- und kaiserlichen Hauptstädte, wie Aachen, Frankfurt, Regensburg, Wien, sondern auch die königlichen, Berlin, Dresden, Stuttgart, München, an der Peripherie. Die neueste Hauptstadt Bonn macht keine Ausnahme von der Regel. Thüringen, geographisch das Herz Deutschlands, hat politisch immer nur eine Nebenrolle gespielt, und Weimar ist nur durch einen dynastischen Zufall eine Hauptstadt des geistigen Deutschlands geworden.

Einmal sah es so aus, als ob dieses Schicksal der Mitte aufgefangen und ins Positive umgewandelt würde. Das war das Werk und Verdienst des einen Staatsmannes von Weltformat, den Preußen hervorgebracht hat: Bismarcks. Obwohl nach Herkunft und Neigung dem Osten zugewandt, ein Junker, hat Bismarck sich in allen politischen Aktionen an das englische Muster geduldiger Diplomatie und vorsichtiger Absicherung des weiteren Schrittes gehalten, und für ganz kurze Zeit, mit dem Höhepunkt des Berliner Kongresses, wurde das Deutsche Reich, das er 1871 neu begründet hatte, eine ruhende Mitte europäischer Politik.

Aber leider hatte er nicht nur das Reich wieder ins Leben gerufen, sondern auch das Kaisertum, und wenn der erste Kaiser alt genug war, um nicht im Glanz der Krone übermütig zu werden, dem zweiten stieg's schon zu Kopf, und schon machte er sich anheischig, überall das kaiserliche Schutz- und Schiedsrichteramt zu übernehmen, in Marokko und Jerusalem, auf dem Balkan und in Südafrika. Er verwechselte Staatskunst mit Zinnsoldatenspiel, modernen Krieg mit ritterlichem Abenteuer, rasselte mit dem Säbel, als schon längst Kanonen Trumpf waren, und zog noch die Rüstung an, als das Wort schon etwas völlig anderes bedeutete. Er war freilich kein Dummkopf, auf seine Weise auch modern, nicht nur für Panzerritter, sondern auch für Panzerkreuzer, aber eben doch schwärmerisch, romantisch, spielerisch. Er wollte eine Flotte, aber er schickte den Lotsen, Bismarck, von Bord.

Hitler ist eine krassere, plebejisch gesteigerte Wiederholung Wilhelms II., mit dem er die historische Halbbildung teilt. Liest man sein Buch „Mein Kampf", so wird offenbar, daß er wieder den alten Kaisertraum aufgenommen hat: den Vorstoß in den östlichen Großraum, in die geographische Unendlichkeit, um sich so zum Herrn Europas zu machen. Auch daß er sich den ideologischen Segen in Rom, bei Mussolini, holte, wirkt wie ein makabres Nachspiel zu den alten Kaiserzügen. Germanentum, Mittelalter, Ostlandfahrt, Stauferherrlichkeit waren Glanzlichter seiner Propaganda, im Grunde Ladenhüter der Richard-Wagner-Zeit. Aber der glänzende Demagoge, Improvisator und Organisator, der auch in dem Kunstmaler und Schauspieler Hitler steckte, verband mit den alten und wieder funkelnd aufgeputzten Mären neue Ideen wie den Sozialismus und verstand sich auf die Mittel, die ihm Technik und Industrie an die Hand gaben. Das ‚Reich' glänzte als Mythus des 20. Jahrhunderts wieder auf, und die deutschen Soldaten marschierten dank perfekter Ausrüstung bis Stalingrad, Narwik und El-Alamein.

Hitler fing den Krieg mit Fünfzig an, gerade noch, so seine Idee, im besten Mannesalter. Ein längst pensionierter Beamter, Konrad Adenauer, übernahm mit Siebzig den Restbestand nach dem schaurigen Bankrott und trieb Bismarcksche Politik. Nur hatte er kein Reich mehr zur Disposition. Das neue Europa, das er zusammen mit den Siegern anvisierte, war westlich und ähnelte auf ein Haar dem Reich des klugen Kaisers Karl.

ZWISCHEN WITTENBERG UND WEIMAR

Das Deutschland der mittelalterlichen Kaiser ist versunken. In Mainz, Worms, Speyer ragen die Kaiserdome, aber auf deutschem Boden steht kein Kaiserschloß. Das einzige spätere, das Kaiserliche Schloß in Berlin, ist zerstört und abgetragen; auf seinem Boden hat die DDR den Palast der Republik errichtet. Der Bamberger Reiter und die Uta von Naumburg, einmal Schmuck jedes Jungmädchenzimmers, sind den Kunsthistorikern und Touristen zurückgegeben. Kaisergräber sind in Palermo zu besichtigen, wahrhaftig weit vom Schuß.

Die deutsche Kunst- und Kulturtradition ist fast ganz an die dem Kaiser widerstreitenden oder von ihm nur lose abhängigen Kräfte geknüpft: an die Fürsten und an die Städte. Residenzen und freie Reichsstädte bilden Deutschlands Ruhm und bewahren nicht nur liebevoll Gepflegtes in Schlössern, Kirchen, Patrizierhäusern und Museen, sondern veranstalten heute noch ihr tägliches Theater und Konzert wie einst zu Hofes oder Hohen Rates Zeiten. Der Reichtum ist unabsehbar; gerade Kleinstädte wie Celle oder Wolfenbüttel, Dinkelsbühl oder Rothenburg verraten noch, daß die Proportionen dieser alten Ständegesellschaft nicht nur ästhetische waren. Es waren in sich geschlossene Kleinwelten; was ihnen fehlte, war notwendigerweise der große Schwung, das Politische im höheren Sinn. Innerlichkeit ist sehr früh, schon im späten Mittelalter, ein charakteristisch deutscher Zug geworden.

Sehr schnell bemächtigten sich die Städte und die Fürsten des ersten großen deutschen Volksaufstandes, der Reformbewegung Martin Luthers. Der war bewußt national, antirömisch, und da der

Kaiser sich auf Papstes Seite stellte, antikaiserlich. Aber bei aller Beredsamkeit und Beschlagenheit brauchte der rebellische Mönch und Professor auch politischen Schutz, um nicht verbrannt oder kaltgestellt zu werden – also einen Fürsten, der ihn protegierte. Der Kurfürst von Sachsen, der diese Rolle übernahm, residierte in Wittenberg; Wittenberg wurde Anti-Rom. Luther war *für* die Fürsten, natürlich, und für die freien Städte; also half er nicht den aufständischen Bauern und erst recht nicht dem Kaiser, der schließlich an der Reformation scheiterte. Die Fürsten wurden kleine Päpste der Landeskirchen; die Obrigkeit hatte in Deutschland noch mehr Recht als anderswo. Während in England die ‚Gewissensleute' eine politische Partei bildeten, zogen sie sich in Deutschland aus der Politik ganz und gar zurück; „politisch Lied ein garstig Lied".

Die drei Jahrhunderte zwischen dem Reichstag von Worms, wo das Mönchlein dem großmächtigen Kaiser Karl V. standhielt (1521), und dem Tod Goethes (1832) sind ganz erfüllt und durchdrungen von dem Aufblühen des Protestantismus und seinen Verwandlungen in der Aufklärung und in der Geistesbewegung, die man ‚Klassik', ‚deutschen Idealismus' oder nach ihrem Hauptort kurz Weimar nennt. Da trat zum ersten Mal mit Grünewald, Dürer, Cranach, Holbein eine große deutsche Malerei hervor, da folgte auf den elendesten Stand materieller Kultur nach dem Dreißigjährigen Krieg jener unerhörte Aufschwung der Musik, der im Namen Johann Sebastian Bachs gipfelt, da begab sich zum ersten Mal ein Deutscher, Gottfried Wilhelm Leibniz, in die Konkurrenz des abendländischen philosophischen Denkens, und da entwickelte sich in der Auseinandersetzung zwischen orthodoxer Kirchlichkeit und freier Religiosität das brillante Genie des Pfarrerssohnes Lessing. Dies alles spielte sich auf engem Raum ab, und man hat daraus gern auf eine besondere Begabung der Sachsen und Thüringer als der Einwohner dieses Raumes geschlossen. Einfacher ist die Lösung, wenn man diesen Raum als das Land Martin Luthers und als das Herzland des Protestantismus versteht.

In diesem Sinne ist es kein Zufall, daß die Residenz des winzigen thüringischen Duodezstaates Sachsen-Weimar um 1800 die ‚heimliche Hauptstadt' des deutschen Geistes wurde, soweit er reformatorisch geprägt war. Goethe hat sich selbst gelegentlich einen ‚dezidierten Heiden' genannt, aber er konnte auch sagen, daß er sich als echter Nachfolger Luthers ansehe, im Trachten, „daß Gesinnung, Wort, Gegenstand und Tat immer möglichst als das Eine erhalten werde". Goethes Lehrer Herder wurde auf Goethes Veranlassung nach Weimar geholt – als Generalsuperintendent. Zu den sächsisch-thüringischen Genies muß man die schwäbischen rechnen; auch sie kein Produkt besonderer schwäbischer Genialität im Vergleich zu anderen deutschen Stämmen, sondern einer besonders verinnerlichten, pietistischen Form des Protestantismus. Eine der Talent-Pflegestätten war ein schwäbisches Predigerseminar, das Tübinger Stift; aus ihm sind Hegel und Hölderlin hervorgegangen.

Auch das sogenannte Preußentum, weniger eine Sache der Landsmannschaft als eine geistige Prägeform, läßt sich ohne die protestantische Ethik, ohne die Berliner Hugenotten, vor allem ohne des Königsbergers Kant kategorisch auferlegte Gewissenspflicht kaum denken. Man kann, über Kleists Scheitern und Fontanes Altersweisheit, seine Linien bis zur Gegenwart fortziehen, auch wenn der Staat Preußen von der Bildfläche verschwunden ist. Zu vermuten ist, daß manches davon in den arbeitstüchtigen Sozialismus der DDR überging, die nun auch die deutschen Gedenkstätten Wartburg und

Weimar als „NKE" (Nationales Kulturerbe) verwaltet und betreut. Weimar, das war einer der Grundgedanken der ersten, der Weimarer Republik, sollte gegen den Geist von Potsdam, die militärische Preußentradition, ausgespielt werden. Nun hat eine emsige DDR-Propaganda Weimar und Potsdam unter einen Hut gebracht.

DIE KATHOLISCHE GEGENTRADITION

Im vorigen Jahrhundert kam das Gegensatzpaar Kleindeutsch-Großdeutsch auf. Die kleindeutsche Lösung, die Bismarck am Ende kriegerisch vollzog, schloß Österreich aus dem Deutschen Reich aus. Aber dieses Österreich war seit langem nicht mehr deutsch, sondern ein Vielvölkerstaat, ein Imperium, durch diplomatische Mittel – Heirat, Kronenerwerb, Vertrag mit dem östlichen Nachbarreich Rußland – gewachsen und durch eine vorzügliche Verwaltung zusammengehalten. K. u. K., *kaiserlich und königlich,* wurde zu einer Art Gütezeichen; der Staat war alt und ächzte unter dem Druck des böhmischen, polnischen, kroatischen, italienischen Nationalismus in allen Fugen, aber er ließ auch leben und hatte sich in Wien eine prächtige, wahrhaft kaiserliche Hauptstadt geschaffen, ein kosmopolitisches Zentrum, in dem böhmische Schneider und Köchinnen in ihrer Kunst ebenso geschätzt wurden wie italienische Sänger und ungarische Musikanten. Der größte Staatsmann dieses Österreich, der Fürst Metternich, schuf eine Art Stillhaltesystem, in dem man zwar nicht aufbegehren, aber doch scherzen durfte, so daß es die heiteren und spöttischen Theaterleute, wie der geniale Johann Nepomuk Nestroy, leichter hatten als die ernsten, gedankenreichen, die deutsche Klassik weiterführenden Dichter Grillparzer und Stifter. In der habsburgischen Doppelmonarchie war das Deutschtum nur *ein* Element; sie war auf ihre Weise so traditionsbewußt, so adelsstolz, so frivol und charmant wie das Britische Empire, nur daß ihr Konservativismus katholisch und südlich geprägt war, mit spanischem und italienischem Einschlag, auch nicht ganz fern dem Reiz des Orients, der seit den Türkenkriegen in die nächste balkanische Nachbarschaft gerückt war. Europa hielt hier noch zusammen: viele Völker unter einer Kaiserkrone, ein letzter Nachglanz der mittelalterlichen Idee.
Aber die Gegenidee der Trennung, der Selbständigkeit, der Nation als höchster Einheit riß das südöstliche Imperium ebenso auseinander wie das westliche Empire, und das deutsche Österreich, das nach 1918 übrigblieb, schien kaum noch lebensfähig. Der Anschluß an das Deutsche Reich bot sich als Ausweg, als Heimkehr an; die großdeutsche Propaganda verlockte um so mehr, als das Reich nach 1933 wieder in den europäischen Raum strebte. Der Jubel, der dem Österreicher Adolf Hitler beim Einmarsch deutscher Truppen in Wien entgegenbrauste, galt auch dem alten großdeutschen Traum und der Utopie eines wiederhergestellten Habsburger-Imperiums. Prompt wurde das alte Böhmen einverleibt, das Band zu Ungarn neu geknüpft, der Osten als Marschrichtung angezeigt. Nur das kaiserliche Wien wurde gedemütigt, mit einem Gauleiter abgespeist und unterworfen wie Breslau oder Danzig, und der Vielvölkergedanke mußte zurücktreten, weil ein Herrenvolk in Marschstiefeln alles

Eigenwüchsige niedertrat, auch das urwüchsige Österreich. So wurde Österreich von seiner Illusion befreit, längst ehe russische Truppen Wien eroberten. Es wurde befreit – und seiner Mission zurückgegeben, die auch und gerade für den kleinen Staat von heute eine europäische ist. Es kann sich den bescheidenen Hinweis erlauben, daß ein großer Teil dessen, was heute deutsche Kultur ausmacht, von Freud und Schnitzler bis Kafka und Rilke und Hofmannsthal, bis Ingeborg Bachmann und Thomas Bernhard und Peter Handke, aus der österreichischen Gegentradition stammt.
Bayern in diesen europäischen Zusammenhang zu stellen scheint willkürlich, denn bei allem Stammespartikularismus zweifelt doch niemand daran, daß Bayern ein Dauerbestandteil des Restdeutschland Bundesrepublik ist. Immerhin muß, wer historisch denkt, anerkennen, daß bayerisches Pochen auf Sonderart und Eigenrecht gute Gründe hat, weil Bayern *innerhalb* des Bundesgebiets eben jene katholische Gegentradition vertritt, die sich im Habsburgerreich glänzender, kosmopolitischer, aber eben darum auch nicht so haltbar und wurzelkräftig entfaltete. In den Geschichtsbüchern, die so ausführlich den preußisch-österreichischen Gegensatz behandeln, wird gern vergessen, daß Bayern so etwas wie eine dritte Kraft war, ein ansehnlicher Staat, der im 17. und 18. Jahrhundert nachhaltig europäische Politik mitbestimmte, oft gegen Kaiser und Reich.
Im 19. Jahrhundert trat dann der Wandel ein, ein Entschluß der Wittelsbacher, die aus den napoleonischen Kriegen eher gestärkt hervorgegangen waren: als Könige über ein sehr vergrößertes und aufgerundetes Bayern, und sich durchaus hätten am Spiel der Mächte beteiligen können. Es war der Entschluß, die große Politik durch Kulturförderung zu ersetzen, aus München die Kunst- und Geisteshauptstadt Deutschlands zu machen. Dazu haben der Reihe nach Ludwig I., Maximilian II. und Ludwig II. beigetragen – der letzte ein Märchenkönig, versponnen in Mittelalterträumen, und doch so produktiv im Schauen und Bauen, daß seine phantastischen Schlösser immer noch mehr Fremde nach Deutschland locken als alles echte Mittelalter. Wenn die Bundesrepublik heute ein ausgeglichenes Staatswesen zwischen Ost und West und Nord und Süd ist, zwischen Fortschritt und Bewahrung, zwischen Modernismen und Altbewährtem, so verdankt sie das zum guten Teil dem bayerischen Widerlager.

DIE REPUBLIKANISCHE GEGENTRADITION

So unerläßlich für die deutsche Gesamtkultur wie der österreichische, der bayerische und der preußische Beitrag ist der schweizerische. Zum Schicksal des Reiches gehört es, daß die Elemente, die in der Geschichte anderer Länder im geschichtlichen Wechsel einander ablösten, verdrängten, überlagerten, bis am Ende ein Einheitsstaat so oder so übrigblieb, hier nebeneinanderstehen und bestehenblieben. Spanien und Frankreich blieben oder wurden wieder katholisch, England und der Norden wurden protestantisch, im Reich ging und geht es kreuz und quer durcheinander; so klein das Land, die Untertanen hatten zu glauben, was der Landesfürst ihnen durch seine Glaubenswahl vorschrieb. Ebenso die Staatsformen: England blieb Königreich, Frankreich wurde schließlich Republik; auf dem Boden des Reiches lagen Republiken, die freien Städte, und Fürstentümer friedlich oder auch streitsüchtig nebeneinander.

Die früheste dieser Republiken war keine Stadt, sondern eine Landschaft, eine Gemeinschaft von Bauerngemeinden, die sich durch einen Eid auf alle Zeit verbunden hatten und sich darum Eidgenossen nannten. Die Nachbarn, Österreich im Osten, Burgund im Westen, hätten die Gemeinden gerne eingemeindet und schickten Ritterheere gegen sie. Aber die Eidgenossen wußten besser, wofür sie kämpften, nämlich für ihre Freiheit und Unabhängigkeit, und so siegten sie. Ein Freiheitsheld steht am Anfang der Schweizer Geschichte, Wilhelm Tell; es kommt weniger darauf an, ob der Sagenheld historisch ist, als auf die Idee des Widerstandes, die er verkörpert. Indem die Schweizer sich fortwährend verteidigen mußten, haben sie die wehrhafte Demokratie entwickelt, den Bürger herangezogen, der in der Notzeit sein Gewehr aus dem Schrank holt.

In dieser Bauern- und Hirtendemokratie war allerdings wenig zu verdienen; die Schweizer Berge waren majestätisch, aber unergiebig (auch das hat zur Schweizer Freiheit mit beigetragen). Also wanderten die Schweizer aus und wurden gute Soldaten in fremder Herren Dienst. Die Schweizergarde des Königs von Frankreich wurde in der Revolution niedergemacht, und die Schweizergarde des Papstes würde vermutlich ihren Mann stehen, wenn der Papst im 20. Jahrhundert entführt werden sollte. Aber diese Garden sind nur noch hübsche historische Schnörkel, wie auch jene Melkereispezialisten, die immer noch Schweizer heißen aus fernen Kuhhirtentagen, die aber – wenn es sie überhaupt noch gibt – genausogut aus Holstein oder dem Allgäu stammen können.

Die Republik selbst veränderte gänzlich ihren Charakter: sie schloß sich deutsche, französische, italienische, rätoromanische Nachbargebiete an; sie baute auf den Bergeshöhen die passenden Hotels, und sie zog, grundsätzlich neutral und schwer zu erobern dank hoher Berge, das internationale Kapital an. Hoteliers statt Hirten, Bankiers statt Bergbauern, eine deutschtüchtige Maschinenbauindustrie, eine französisch-tüchtige Uhrenindustrie, eine deutsch-saubere italienische Seenlandschaft, so könnte man das Land Wilhelm Tells heute zeichnen, und so stellen es die großen Schweizer Schriftsteller der Gegenwart, Max Frisch und Friedrich Dürrenmatt, satirisch dar. Aber die Satire muß übertreiben, um zu wirken, und wer aus der Bundesrepublik in die Schweiz reist und nicht nur die Hotels kennenlernt, sondern auch die Bürger in Luzern oder Chur oder Neuchâtel, wird manche alte deutsche Tugenden wiederfinden, die in unserem Land verschüttet sind – auch eine alterprobte Freiheitlichkeit.

Zum Schluß muß erwähnt werden, daß der Schweiz gelungen ist, was überall anderswo wegen mangelnder Freiheitlichkeit mißlang: sie ist ein Vielvölker- und Mehrsprachenstaat geworden und hat die Probleme, die sich daraus ergaben und immer noch ergeben, im ganzen glänzend gemeistert. Diese auch zur Schau gestellte Vorbildlichkeit mag manchem, Schweizer oder Ausländer, auf die Nerven gehen. Das ändert nichts daran, daß die Schweiz das einzige nützliche, studierbare Modell für ein künftiges Europa ist.

DIE MITTELLÄNDER,

die sich von der Nordsee bis zu den Alpen zwischen die Länder Frankreich und Deutschland, also die Kernländer des karolingischen Europa, schieben – die Niederlande, Flandern/Belgien, Burgund und die Schweiz –, entstanden aus Teilungen. Sie hatten lange zu kämpfen, bis sie sich im werdenden Europa eine Eigenstaatlichkeit erringen konnten. Gemeinsam ist diesen kleinflächigen Ländern mit teilweise extremen geographischen Bedingungen, daß sie ihre Macht aus dem Handel gewannen.

Niederländische Windmühle auf einem Deich bei Veere auf der Insel Walcheren

Die Niederlande, von Kanälen durchzogen und von Deichen gegen das Meer gesichert, eroberten sich schon früh einen Platz im Welt- und Überseehandel. Zentrum dieses Handels und Verteilungsplatz der aus den west- und ostindischen Kolonien einströmenden Güter war und ist die Landeshauptstadt Amsterdam, deren von Kanälen und Grachten durchzogene Lage der Stadt die Bezeichnung „Venedig des Nordens" eintrug.

Willem van de Velde: Schiffe vor Amsterdam

Die Westerkerk an der Keizersgracht in Amsterdam

Den Haag, ursprünglich Residenz der Grafen von Holland, seit 1593 Sitz der Generalstaaten, ist heute Sitz der Regierung des konstitutionellen Königreichs der Niederlande.

Der Binnenhof des ehemaligen Grafenschlosses von Den Haag mit dem Haus des Parlaments

Im Dom von Utrecht, der Stadt, in der sich 1579 in der Union von Utrecht die sieben Nordprovinzen zu einem Bundesstaat zusammenschlossen, werden die Herrscher der Niederlande gekrönt.

Blick auf den freistehenden Turm des Doms St. Martin von Utrecht

Der Abfall der Niederlande und der erbitterte Kampf gegen die habsburgisch-spanische Oberhoheit, ein Kampf zugleich um die Glaubensfreiheit der protestantischen Provinzen, prägten die Geschichte der Niederlande im 16. und 17. Jahrhundert, er brachte dem Haus Oranien die Rechte der Landesherrschaft und im Westfälischen Frieden von 1648 dem Gebiet der Generalstaaten die Anerkennung als souveräner Staat.

Velázquez' Gemälde gibt eine Episode aus dem achtzig Jahre langen Freiheitskampf der Niederlande wieder: die Einnahme der mehrfach umkämpften Festungsstadt Breda durch den spanischen Feldherrn Spinola im Jahre 1625.

Velázquez: Die Übergabe von Breda (1635/36), Madrid, Prado

Der Aufschwung der Niederlande nach der Befreiung und der wachsende Wohlstand, der durch den Außenhandel ebenso wie durch die intensive Binnenwirtschaft entstand, zeigen sich vor allem in den Bauten des 17. Jahrhunderts, dem „goldenen Jahrhundert" auch der niederländischen Malerei, der Maler wie Rembrandt, Rubens, Frans Hals, Vermeer van Delft Weltgeltung verleihen.

Das Südhafentor in Ziriksee

Käselagerhäuser am Voorhaven von Edam

Haarlem, die Stadt des Malers Frans Hals, eines der großen Porträtisten des großen Jahrhunderts der niederländischen Kunst, besitzt in der Fleischhalle ein Meisterwerk der weit nach Norddeutschland und Skandinavien ausstrahlenden niederländischen Renaissance.

Die Fleischhalle von Haarlem, erbaut 1602/03 von Lieven de Vey

Mit Rotterdam besitzen die Niederlande den größten Hafen des Kontinents. An die Zerstörung der Stadt im Zweiten Weltkrieg, die in großzügig-weitsichtiger Planung wiederaufgebaut wurde, erinnert das Denkmal „Die zerstörte Stadt" von Ossip Zadkine.

O. Zadkine: Die zerstörte Stadt

Im Containerhafen von Rotterdam

In Brüssel, dem Sitz verschiedener europäischer Behörden und der Hauptstadt des erst 1830 durch Trennung von den Niederlanden entstandenen Staates Belgien, in dem die Probleme eines Mittellandes schon in der Zweisprachigkeit deutlich werden, spürt man in den Bauten des Marktplatzes den Einfluß der lebenslustigen katholischen Landschaft Flandern.

Der Marktplatz von Brüssel mit gotischem Rathaus und barocken Patrizierhäusern

Das Atomium, errichtet als Wahrzeichen der Brüsseler Weltausstellung von 1958

Flandern, das Geburtsland des von Charles De Coster beschriebenen europäischen Schelms Till Eulenspiegel, ist ein Bauernland mit stolzer Bürgertradition in den Städten Brügge und Gent, deren Bedeutung als Handelsmetropolen Europas sich in den Kirchen und Bürgerbauten dokumentiert.

Die gotische Liebfrauenkirche zu Damme, dem Geburtsort Eulenspiegels

Beginenhof in Brügge

Rechts: Zunfthäuser an der Graslei in Gent

Die Bedeutung der Schweiz, um deren Besitz die Großmächte Habsburg und Burgund lange gekämpft haben, liegt nicht zuletzt in den Paßstraßen über die Alpen, die Mitteleuropa mit Italien und dem Mittelmeergebiet verbinden.

Paßstraße über den St. Gotthard

In der Schlacht bei Sempach verteidigten die Schweizer Kantone 1386 ihre Freiheit gegen die Ansprüche Österreichs.

Der Opfertod Winkelrieds in der Schlacht bei Sempach

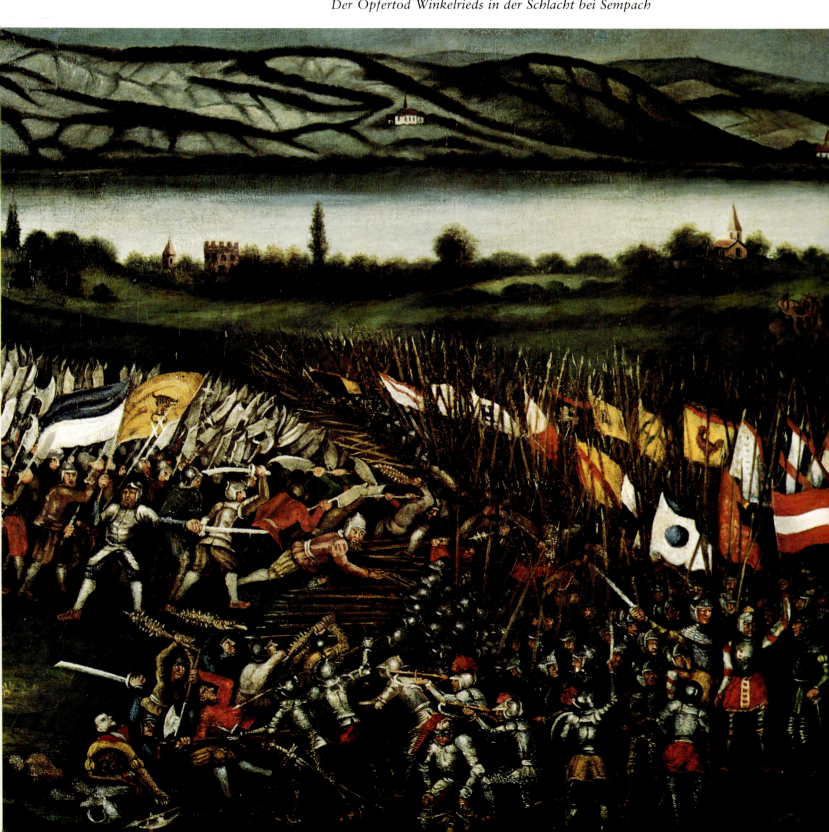

Schon Karl d. Gr. erkannte die Bedeutung der Schweiz als Verbindung Europas mit dem Süden und suchte den fränkischen Einfluß durch Gründungen von Kirchen, Klöstern und Bistümern zu festigen.

Karl d. Gr., Statue in der Kirche von Müstair

Dreiapsidenkirche des Benediktinerklosters St. Johann in Müstair/Graubünden, eine karolingische Gründung

Die Tradition der Stadt Chur, der Hauptstadt Graubündens, als Bischofsstadt reicht bis ins 5. Jahrhundert zurück. Am Anfang der wichtigen Paßstraße über den Bernardino besaß Chur besondere Bedeutung.

Petrus, Pfeilerfigur der romanischen Kathedrale von Chur

In Brig, im Kanton Wallis, am Fuße der wichtigen Straße über den Simplon, dokumentiert der Renaissancepalast des Handelsherren Kaspar v. Stockalper die Bedeutung der Paßstraßen für den europäischen Handel.

Schloß Stockalper in Brig

Die Schweizer Bundeshauptstadt Bern mit ihrer malerischen Altstadt von mittelalterlichem Gepräge wurde 1191 von Herzog Berthold V. von Zähringen gegründet und ist so ein lebendiger Beweis für die enge Verflechtung der Schweizer Geschichte mit den europäischen Nachbarländern.

Blick über die Altstadt von Bern auf den Turm des gotischen Münsters

Die Galluspforte am Basler Münster hält ebenso wie das 720 gegründete Kloster St. Gallen die Erinnerung an die Christianisierung des Landes durch die irischen Mönche Gallus und Kolumban lebendig.
Zürich, die größte Stadt der Schweiz, bewahrt dagegen in dem romanischen Großmünster, dem Wahrzeichen der Stadt, auch die Erinnerung an Ulrich Zwingli, den Vorkämpfer der Reformation in der Schweiz.

Die Galluspforte am Basler Münster

Barocksaal der Stiftsbibliothek St. Gallen

Rechts: Blick über die Limmat auf die Türme des Großmünsters von Zürich

Die traditionelle Neutralität der Schweiz macht das Land, dessen humanitäre Bemühungen für die Opfer der europäischen Kriege und Katastrophen 1863 zur Gründung des Roten Kreuzes führten, zu einem Zentrum weltweiter Konferenzen und Institutionen.

Der Völkerbundpalast in Genf

DIE NIEDERLANDE UND DER NORDEN: HELDENEPOS UND IDYLLE

Die Niederlande, im alten Sprachgebrauch das heutige Belgien mitumfassend, sind wie die Schweiz ein Staat gewordenes Zeugnis deutscher Freiheitsliebe und deutschen Unabhängigkeitsgeistes. Sie sind auf altem deutschem Reichsboden erwachsen, ja in gewissem Sinne sind sie die Keimzelle eben jenes neuen germanischen Reiches auf dem Boden des römischen Imperiums, das Kaiser Karl begründete. Der Stamm, aus dem Karl das Staatsvolk seines Reiches machte, die Franken, hatte seine Heimat im Mündungsgebiet von Rhein und Maas. Dort hatten einmal die Bataver gesessen, die den Römern so tapfer Widerstand geleistet hatten wie die Germanen an der Weser, und die Rheinstämme hatten sich dann in der Völkerwanderungszeit zusammengeschlossen und das Volk der Franken gebildet, was zu deutsch die ‚Freien' heißt. Frank und frei sagen wir ja noch, wenn jemand kein Blatt vor den Mund nimmt. Frank und frei, das war die Geburtsurkunde dieser Lande, und die behielten ihren Charakter durch die Jahrhunderte. Auf vielfältige Weise und in wechselnden Geschicken war Freiheit zu verteidigen, auch die zwischen den großen Nachbarn Deutschland und Frankreich, und Freiheit haben die Staaten Niederlande, Belgien, Luxemburg bis heute bewahrt.

Die Franken teilten sich in salische und ripuarische, Meer- und Flußfranken müßten wir heute sagen. Das Meer und der Fluß, Rhein, Schelde, Maas, auch Main und Mosel, erzogen sie zu Schiffern und Fischern, zu Bootsbauern und Kaufleuten, zum Wagnis und zur Großzügigkeit, zur Handelstüchtigkeit und zum Freiheitssinn. Man kann eine Geschichte der Freiheit schreiben, die dem Rhein folgt, von den widerspenstigen Niederländern über die freiheitslustigen Rheinländer, die eigenwüchsigen Elsässer, die demokratischen Badener bis zu den Schweizer Widerständlern Tell und Winkelried. Aber ebenso wichtig ist für diese Gebiete die Geschichte ihres Aufstieges zu Wohlstand und Reichtum; Freiheit kann ohne ein solches Fundament auf die Dauer nicht gedeihen.

DER GLANZ VON BURGUND

Der Staat, in dem sich der Aufschwung vollzog, hat lange Zeit Burgund geheißen. Seine Hauptstadt war das französisch sprechende Dijon, sein Schwergewicht vor allem in wirtschaftlicher Hinsicht lag im niederdeutsch (flämisch) sprechenden Norden, in Städten wie Brügge und Brüssel. Auch die heute nordfranzösischen Städte Arras und Cambrai gehörten zu dem glanzvollen Reich Burgund mit seiner die englische Konkurrenz weit überbietenden Tuchfabrikation. Die Herzöge von Burgund profitierten zudem vom selbstzerfleischenden Krieg der großen Nachbarn England und Frankreich, und es entfaltete sich in dem Gebiet zwischen Antwerpen und Dijon ein Bündnis von Kunst und Luxus, von städtischer und höfischer Kultur, das im Spätmittelalter höchstens in Italien eine Parallele findet. So wurden die ‚Niederländer' als Maler hochbezahlt und weltberühmt wie die Italiener, und in bestimmten Arten des Kunsthandwerks, zum Beispiel in der Herstellung von Wandteppichen (Gobelins), erreichten die Niederlande eine Art künstlerisches Monopol.

In dieser ersten burgundischen Epoche war der Süden der Niederlande, mit den Ländern Flandern und Brabant, der reichere Teil, Antwerpen der führende Hafen, Brüssel wurde Hauptstadt, als Südburgund zu Frankreich kam. Nach den klugen und haushälterischen Herzögen war nämlich ein höchst waghalsiger, Karl der Kühne, ans Regiment gekommen, und seine Waghalsigkeit hatte er mit Krone und Leben bezahlen müssen. So war Burgund an fremde Mächte vererbt und verteilt worden: die heutigen Niederlande waren erst kaiserlich, also österreichisch, und dann spanisch geworden. Eben dieses spanische Regiment war den freiheitlich gesinnten Niederländern verhaßt. Es kam zu dem berühmten Aufstand, den Schiller als Geschichtsprofessor dargestellt, dem Goethe den Stoff seines Dramas ‚Egmont' entnommen hat, eine Heldengeschichte, in der auch das neue Empörerbekenntnis der Niederländer, das protestantische gegen den Katholizismus der Spanier, seine Rolle spielt.

DAS GROSSE JAHRHUNDERT DER NIEDERLANDE

Der Hauptstützpunkt dieses Widerstandes gegen die militärisch tüchtigen Spanier wurde nun eine der Nordprovinzen, die Grafschaft Holland, und die Hauptwaffe gegen die panzerklirrenden und schwerfälligen Landarmeen waren die wendigen Segelschiffe, welche die Holländer als erste zu bauen verstanden. Das Epos, in dem Wilhelm und Moritz von Oranien zu Nationalhelden aufstiegen, hatte auch eine sehr handfest praktische, materielle Seite: während das von den Spaniern gehaltene Antwerpen als Welthafen an Bedeutung immer mehr einbüßte, stieg das holländische Amsterdam zur neuen Metropole des Welthandels und bald auch des internationalen Geldverkehrs auf. Das holländische Kolonialreich wurde in wenigen Jahrzehnten aufgebaut: die Holländisch-Ostindische Kompanie nahm den Portugiesen die Gewürzinseln ab, eroberte Indonesien und legte in Kapstadt und Ceylon Stützpunkte für die Ostasienfahrt an. Es wiederholte sich das portugiesische Abenteuer: ein kleines, aber energisches, weitblickendes Volk von Seeleuten und Kaufleuten gewann sich ein Überseereich, das seine eigenen Dimensionen abenteuerlich übertraf. Im 17. Jahrhundert war die holländische Handelsflotte fünfmal so groß wie die englische. In zwei Seekriegen mußten die Engländer den meerbeherrschenden holländischen Zwischenhandel ausschalten, aber den Ruhm hatten die Holländer, sie drangen sogar in die Themsemündung ein, retteten bei einem schwedischen Angriff auf Kopenhagen mit dem Durchbruch durch den Sund die dänische Selbständigkeit und verhinderte so, daß die Ostsee ein schwedisches Meer wurde.

So ist das 17. das große niederländische Jahrhundert geworden. Die Niederländer in Süd und Nord stellten nicht nur die größten Maler der Zeit, Rubens, van Dyck und Rembrandt, mit unzähligen kleineren, unter denen immerhin heute noch so hochgehandelte wie Franz Hals und Vermeer van Delft sind; sie entwickelten auch zahlreiche neue Handwerke und Industrien, von den Delfter Kacheln über die Tulpenzucht bis zur Diamantenschleiferei. In den nördlichen frei gewordenen Provinzen setzte sich gegen den ursprünglich strengen Kalvinismus auch die religiöse Toleranz durch. Wer anderswo verfolgt wurde, war in den Niederlanden willkommen, vor allem, wenn er Verstand und Geschicklichkeit mitbrachte. So kamen die spanischen und portugiesischen Juden, die Rembrandt malte und aus deren Kreis der größte Philosoph des 17. Jahrhunderts, Baruch Spinoza, stammt. In den Niederlanden wagte der französische Philosoph Descartes seine Meditationen zu veröffentlichen, und an den neugegründeten niederländischen Universitäten Leyden und Utrecht blühten die Naturwissenschaften, ein neues Völkerrecht und eine kühne kritische Philologie.

KEIN LEBENSABEND

Es ist die Auszeichnung Europas, ein Unikum, wenn man die Weltgeschichte mustert, daß alle seine Nationen nacheinander, wie auf ein Stichwort sich ablösend, ihren großen Augenblick haben, auch die, welche heute als kleine gern, aber fälschlich übersehen werden. Aus den rebellischen, halb republikanischen Seestaaten, welche die Oranier nur als Generalstatthalter vor allem in Krisenzeiten regierten, wurde allmählich ein friedliches Königreich. Die Strapazen der Groß- und Seemachtzeit waren überstanden, England hatte sich im Lauf der Zeit als die stärkere Macht erwiesen, von den Kolonien war nur noch das heutige Indonesien übriggeblieben. Das langte für einen geruhsamen Lebensabend, für die nun einsetzende holländische Idylle, für den Mijnheer mit der Tonpfeife und die bärtigen Fischer mit Bartkrause und Holzschuhen, für die Klöpplerinnen von Scheveningen mit ihren Flügelhäubchen und die Beghinen in den stillen Höfen von Brügge. An den Graachten standen die Patrizierhäuser, an den Kanälen die Windmühlen, das war das Holland des 19. Jahrhunderts, von dem sich Belgien, das katholische und halbfranzösische, in einem Aufstand abgespalten hatte.
Man darf das Idyll nur nicht zu wörtlich nehmen. Die Niederlande wie Belgien sind wichtige Industriestaaten geworden, und weder die religiösen noch die nationalen oder sozialen Gegensätze sind endgültig zum Ausgleich gekommen. Die religiöse Leidenschaft und die menschliche Teilnahme an den Armen und Abseitigen, die den großen Rembrandt so einzigartig von den tüchtigen Maltechnikern der niederländischen Schule abhebt, kehrten überwältigend in dem Pfarrerssohn Vincent van Gogh wieder, der als Missionar in die belgischen Kohlengruben ging. Wer durch die vorhanglosen Fenster in die schmucken holländischen Interieurs schaut, wer die peinlich gerichteten Beete, die aufgeräumten Wälder, die frischgemalten Fassaden als Symbol für eine endgültig hergestellte Bürgerordnung nimmt, irrt sich gründlich. Europa hat sich in keinem seiner Länder endgültig zur Ruhe gesetzt.
Vielleicht sind die alten Frankenländer sogar besonders berufen, Europa an seine zukünftige Rolle zu erinnern: ein großer Zusammenschluß zu werden, ein Staatenbund, in dem auch die Kleinen ihr volles Mitspracherecht haben, auch das Großherzogtum Luxemburg, das man rund 3600mal auf dem Boden der Vereinigten Staaten unterbringen könnte. Gewiß, die Vereinten Nationen können sich ihrerseits nicht genug darin tun, immer neue Kleinstaaten aufzunehmen und zu Vollmitgliedern der Weltstaatengemeinschaft zu befördern. Aber weder Größe noch Kleinheit zählen ja an sich; es muß die Würde hinzukommen, die ein historischer Reifeprozeß verleiht.
Brüssel ist heute die Hauptstadt der europäischen Behörden. Es wird vielleicht einmal die Hauptstadt Europas sein. Aus Belgien stammte der große Historiker Henri Pirenne, dem wir eine erste „Geschichte Europas" verdanken. Er war während des Ersten Weltkrieges von den Deutschen interniert worden,

sein Sohn war als Kriegsfreiwilliger gefallen, im deutschen Internierungslager hielt er ohne Bücher, nur auf Gedächtnis und historische Phantasie gestützt, eine Vorlesung über europäische Geschichte für russische Studenten. Daraus wurde das Panorama, das Europa nicht mehr durch nationale Guckfenster zerlegte, sondern es als die Einheit sieht, die es ist.

NORMANNENZÜGE

Die Niederlande und die Nordlande, Skandinavien, haben mancherlei miteinander gemein. Die nördlichen Binnen- oder Randmeere, Ostsee und Nordsee, haben Großräume geschaffen wie die südlichen, die Ägäis und das westliche Mittelmeerbecken. Kopenhagen und Amsterdam sind nicht nur als Meerstädte miteinander verwandt; der Backstein verbindet die Bauten, die grüne Patina des Kupfers die Dächer und Turmspitzen. Man kann Ähnlichkeiten entdecken, die im Norden auch noch Stockholm und Bergen, im Westen London und York, im Süden Bremen und Rostock, im Osten Riga und Reval einschließen. Oft waren die skandinavischen Königreiche, friedlich oder widerstrebend, vereint. Einmal hat für hundert Jahre ein Städte-, Seefahrer- und Handelsbund, die Hanse, beide Meere beherrscht, hatte seine Kontore in London und in Nowgorod. Kriege wurden so fleißig und widersinnig geführt wie im übrigen Europa, Machtverhältnisse verschoben sich oft von Jahrzehnt zu Jahrzehnt, und erst in unserem Jahrhundert scheint der Norden Europas und das Gebiet der beiden Meere stabilisiert: 1905 hat sich das Königreich Norwegen aus der Personalunion mit Schweden gelöst; 1918 wurde Island ein selbständiges Königreich in Personalunion mit Dänemark, 1944 unabhängige Republik. Finnland hat im Winterkrieg gegen die Sowjetunion 1940 seine Selbständigkeit gerettet, die baltischen Staaten Estland, Lettland und Litauen wurden einverleibt, schließlich Ostpreußen zwischen der Sowjetunion und Polen geteilt. Die Ostsee ist nicht mehr ein nördliches Meer, sondern ein östliches; ihr zweiter Name, Baltisches Meer, bezeichnet die neuen Machtverhältnisse geographisch genauer.
Die skandinavischen Länder, so verschieden sie nach Geschichte und Mentalität sind, haben eine Art Friedens- und Wirtschaftsunion miteinander geschlossen. Zivilisatorisch steht ihnen Finnland nahe. Man kann sich keines dieser Länder kriegerisch vorstellen, Schweden über Norwegen herfallend, Dänemark auf Eroberung in Finnland, Island die Shetlandinseln besetzend oder Norwegen Ansprüche auf die Normannischen Inseln erhebend. Das ist ausgestanden, aber doch erst seit nicht einmal dreihundert Jahren, als Schweden nach unglücklichem Krieg seine Vormachtstellung in Nord- und Osteuropa verlor.
Die schwedischen Feldzüge wiederum waren ihrerseits nur verspätete Nachzügler jener Epoche, in welcher der Norden der Schrecken Europas war, ein unerschöpfliches Auszugsgebiet für jenes Mittelding zwischen Räubern und Helden, Beutemachern und Staatengründern, das sich Normannen, Nordmänner, nannte und vor allem von Norwegen, aber auch aus Schweden und Dänemark kam und über See Gold und Länder, Frauen und Königreiche suchte, wie Jahrtausende vorher die Seekönige, die von Mykene nach Troja und ins Schwarze Meer fuhren. Die Voraussetzung ihres Erfolgs war, wie

einst bei Kreta, bei den Phoinikern, Karthago, daß niemand anderer ihnen eine Flotte entgegenstellen konnte. So waren sie überall, in Sizilien und in Köln, in Löwen und in Konstantinopel, vor Paris und in Kiew, die unheimlichsten und großartigsten Eroberer, die Europa hervorgebracht hat.

Ihrer Herkunft nach waren sie überschüssige Mannschaft, jüngere Söhne, die keinen Hof bekamen, Abenteurer, denen es im Norden zu kalt und karg war. Ihre Ziele waren, zunächst schönes rotes Gold mit nach Hause zu bringen, dann aber immer dringlicher eigener Grund und Boden, eigene Staaten, nach straff zentralistischen Prinzipien durchorganisiert. So entstand das normannische Königreich in Sizilien und Unteritalien, so das Herzogtum Normandie, von dem aus dann England erobert werden konnte, das vorher schon die Dänen in ihre Hand gebracht hatten. So wurde von schwedischen Wikingern auf russischem Boden ein erster Staat gegründet, und ein Hilfsheer normannischer Waräger (Eidbrüder) aus Kiew rettete den byzantinischen Kaiser Basileios II. im Krieg gegen seinen Thronrivalen. Um 860 begann die Besiedlung Islands, um 900 die Grönlands, hundert Jahre später stießen Normannen bis an die amerikanische Küste vor. Die Orkneys, die Shetlandgruppe, die Insel Man waren normannisch, und noch heute heißen die Kanalinseln die Normannischen.

Die Normannen waren, was man heute tolle Burschen nennen würde; ihr Helden- und Räuberhandwerk hatte sie an äußerste Kaltblütigkeit, aber auch an wegwerfende Grausamkeit gewöhnt. Sowohl die mythischen Erzählungen aus der Götterwelt, die in Island unter dem Namen Edda gesammelt wurden, wie die Sagas, die Ereignisse aus der Besiedlungszeit festhalten, sind voll von Bluttaten und Verrat, und selbst das Heldenparadies Walhall ist noch von täglichem Totschlag erfüllt, der freilich durch schnelle Wiederaufstehung beim Trinkgelage kompensiert wird. Die Götterdämmerung in Weltbrand und letztem Gefecht ist das düstere Ende einer düster gesehenen Welt. Im Tod der Helden in der Nibelungensage kehrt sie in verkleinertem Maßstab wieder. Als die Deutschen im 20. Jahrhundert sich an das heroisch-hoffnungslose Geschäft der Welteroberung machten, spielte das Untergangspathos der nordischen Germanensage als Generalbaß mit.

NORDISCHE GROSSREICHE

Man darf freilich die Normannen nicht mit den zu Hause gebliebenen Dänen, Norwegern, Schweden verwechseln. Die waren vor allem anderen Bauern; Bauern, wie es auch die Siedler auf Island wurden, freiheitsbewußte Landbesitzer, denn Skandinavien, das Nordland, war und blieb lange Jahrhunderte dünn besiedelt, ließ Raum für Bauernkönige und hatte wenig Platz für Städte. Auch darf der Blick auf die Karte nicht dazu verleiten, die skandinavischen Königreiche mit dem gewaltigen Territorium gleichzusetzen, das als löwengeformte Halbinsel im hohen Norden ansetzt, um im Süden den Bissen Dänemark zu packen. Dieser hohe Norden blieb bis zum vorigen Jahrhundert ausgespart, die Welt hörte am 60. Breitengrad auf: wenig nördlich liegt die alte Kauffahrerstadt Bergen, wenig südlich Oslo und Uppsala, noch weiter gegen Süden Stockholm. Verlängert man die Linie nach Osten, so bleibt Helsinki leicht nördlich, Reval etwas südlich, Leningrad wird fast berührt. Daß an der norwegischen

Küste die Kultur noch etwas höher kletterte, bis zur Bischofsstadt Trondheim, ist dem mildernden Einfluß des Golfstroms zu verdanken. Immerhin ist es gut, sich zu erinnern, daß Kopenhagen auf der Höhe Glasgows liegt, und Stockholm nördlicher als Schottlands Nordspitze.

Der skandinavische Raum, mit dem die Geschichte es vor allem zu tun hat, ist demgemäß einerseits das *Nordsee*becken zwischen der dänischen Westküste, der deutschen und holländischen Nordseeküste, der Britischen Insel und Südnorwegen und anderseits das *Ostsee*becken zwischen den dänischen Inseln, der deutschen und polnischen Ostseeküste, den früher so genannten baltischen Ländern, der Südküste Finnlands und Südschweden. Sieht man es so, von Süden her, dann ist es nicht mehr so verwunderlich, daß die erste Großmacht in diesem Meer- und Küstengebiet Dänemark war, am frühesten christianisiert, am frühesten stabilisiert und schon im 11. Jahrhundert zu einem Großreich aufgestiegen, das England und Norwegen, aber vor allem auch Südschweden einschloß. Der Vorrang Dänemarks hängt auch mit der Schlüsselstellung zusammen, die es am Sund, an der Durchfahrt zwischen Nord- und Ostsee besitzt, und eben am Sund stieg die einzige Stadt der Welt, die aus ihren Geschäften kein Hehl gemacht hat, zur dänischen Residenz auf: Kopenhagen, zu deutsch der Kaufmannshafen.

Knut der Große, Waldemar der Große, Waldemar der Sieger, verwehter Ruhm im Land von Milch und Butter, aber immerhin, der erste Waldemar, ein Zeitgenosse Barbarossas, eroberte Rügen, und bei jedem der folgenden Könige notiert das Geschichtsbuch, was weiter dazukam: Pommern und Pommerellen, Holstein und Lauenburg und Lübeck und Hamburg, schließlich Gotland und Estland und Kurland. Die strategische Absicht war deutlich: außer dem Sund sollten auch alle weiteren Küsten dänisch werden, die Ostsee vor allem ein dänisches Meer. Aber im Jahr 1227 stieß Waldemar dem Sieger das Unglück zu, besiegt zu werden. Seitdem lösten die norddeutschen Städte unter der Führung Lübecks die Dänen im großen Handel ab.

Schweden trat sehr viel später auf den Plan, im Kampf gegen Dänemark, das den südlichen, fruchtbarsten und für den Handel wichtigsten Teil Schwedens besaß. Stockholm war eine Hansestadt, und 1520 hatte der Dänenkönig Christian II. sie okkupiert. Die Hansestadt Lübeck half dem schwedischen Adligen Gustav Wasa, sich gegen innere und äußere Feinde zum König zu machen. Das war der Anfang von rund zweihundert Jahren schwedischer Großmachtpolitik, unter den Wasakönigen, die wie ihr Ahn oft Gustav hießen oder wie der größte König des Abendlandes, Karl.

Der bekannteste von ihnen ist sein Enkel, Gustav Adolf. Er gilt durch sein Eingreifen in den Dreißigjährigen Krieg als Retter der Protestanten. Tatsächlich hat sein Vormarsch aus dem fernen Pommern bis nach Bayern und Sachsen etwas Kreuzzugsmäßiges, und da er in diesem Krieg siegte und fiel, ist Gustav Adolf eine romantische Heldenfigur geworden. Politisch stand aber ganz anderes auf dem Spiel in dem großen Einsatz, den der geniale König wagte. Er hatte das modernste Heer Europas aufgestellt, und er machte sich in kluger Systematik an die Eroberung der Ostseeküsten. 1621 war Livland, das heutige Lettland, gewonnen. Die weitere Abrundung war das Ziel. Da kam des Kaisers katholischer Oberfeldherr dazwischen, Wallenstein, ließ sich den Titel eines ‚Generalissimus des Baltischen und Ozeanischen Heeres' verleihen und wurde Herzog von Mecklenburg. Da war Gefahr im Verzug, und da war die Hilfe für die bedrängten Protestanten gleichzeitig die ideale Gelegenheit, ein weiteres Stück

Ostseeküste einzustecken. So ist es geschehen, und wenn Gustav Adolfs Tod sehr viel weitergehende Pläne verhinderte, so blieb Schweden doch immerhin bis 1816 Herr in Vorpommern.

Der Kampf um die östlichen Ostseeprovinzen ging auch nach Gustav Adolfs Tod unvermindert weiter, in einem dramatischen Hin und Her, das noch einmal einen Heldenzug sah. Karl XII., der ‚letzte Wikinger', schlug zunächst Dänemark, vernichtete 1700 ein russisches Heer, verbündete sich mit den Kosaken der Ukraine gegen den Zaren, wurde geschlagen, entkam in die Türkei, bewegte den Sultan zum Krieg gegen Rußland, tauchte nach einem Gewaltritt aus der Türkei wieder in Stralsund auf, versuchte es wieder mit Norwegen und fiel 1718 vor der Festung Frederikshall. Das war, alles in allem, das Ende der schwedischen Abenteuer.

WOHLSTAND UND GESPENSTER

Es hat, bei aller Machtentfaltung Dänemarks und Schwedens (Norwegen, oft mit Schweden oder Dänemark verbunden, blieb abseits), bis zum Ende des 17. Jahrhunderts dennoch nichts gegeben, was sich mit dem Aufstieg auch nur der Niederlande oder Portugals vergleichen ließe: keine große Flotte, keinen das übliche Maß übersteigenden Handel, keine Kolonien, keine beginnende Industrialisierung, keine großen Künstler, keine überragenden Gelehrten. Der Norden war von den europäischen Metropolen so weit entfernt wie der Osten; als Gustav Adolf in das Reich einmarschierte, machte man sich über ihn als ‚Schneekönig' lustig.

Die Verhältnisse sind bis zum Ende des 19. Jahrhunderts eng geblieben, Schweden war wie Norwegen ein armes Auswandererland, aus den Dramen Ibsens und Strindbergs ist noch das Triste der Lebensbedingungen abzulesen: unter grauem Himmel kleinliche Konkurrenz, puritanische Moral. Wer konnte, wich aus, ging auf Reisen, möglichst nach Süden, lernte in Rom oder Paris, später auch in München oder Dresden. Nur wer im Ausland Lorbeeren geerntet hatte, konnte im eigenen Land hoffen, anerkannt zu werden.

Die originellste Herrscherfigur, die Schweden dem Haus Wasa verdankt, Christine, Tochter Gustav Adolfs, hat das Vorbild geliefert. Sie war gelehrt, auch für heutige Begriffe kräftig emanzipiert, versuchte namhafte ausländische Gelehrte, so Descartes, an den schwedischen Hof zu ziehen. Aber man munkelte bald, es gehe da sittenlos zu, und noch schlimmer, Christine neige zum Katholizismus. Sie neigte tatsächlich zum Süden, nach Rom, dankte ab, trat über und konnte von da ab lesen, was sie wollte, verkehren, mit wem sie wollte, reisen, wohin sie wollte. Auch der Vorgänger des jetzigen Königs, Gustav VI. Adolf, hatte eine Schwäche, die ihm viele Italienreisen erlaubte: die Archäologie. Die dänischen Könige ihrerseits waren großzügig in der Gewährung von Stipendien für Südreisen: so sind der Bildhauer Thorwaldsen und der Dichter Andersen nach Rom gekommen. Ein weiterer Schwedenkönig muß genannt werden, weil er, statt abzudanken und nach Rom zu reisen, Italien nach Stockholm holte. Das war der hochbegabte König Gustav III., ein Neffe Friedrichs des Großen, der in Stockholm die Königliche Oper baute, in Schloß Drottningholm ein entzückendes Theaterchen einrichtete, das samt den Kulissen heute noch zu besichtigen ist, der selber dichtete, musizierte und komponierte und sich als Freund und Schützling den trinkfesten und liebesfreudigen Dichter Bellman hielt, dessen Lieder heute noch ein Stück schwedischer Nationalkunst sind. Bellman war Lotteriedirektor, hatte aber trotzdem nie Geld, und ähnlich ging es auch dem König mit seinen Passionen. So wurde er von den verärgerten Untertanen getötet, passenderweise bei einem Maskenball. In Verdis gleichnamiger Oper ist er posthum doch noch nach Italien gekommen.

Nicht nur der König Gustav III. ist ein Beispiel dafür, daß es in Skandinavien nicht immer so schwerfällig, kopfzerbrecherisch und trübselig zuging, wie es Ibsens oder Strindbergs Dramen, Munchs Gemälde, Ingmar Bergmans Filme anzudeuten belieben. Vor allem in Dänemark hat sich der bäuerlich-bürgerliche Wohlstand in freundliche Behäbigkeit und soziales Verantwortungsbewußtsein umgesetzt. Aber auch Schweden schloß sich, durch den Erzbau im Norden reich geworden und spät, aber gründlich industrialisiert, dem menschenfreundlichen Zug der Zeit an, und den Reformen der Sozialdemokraten antwortete der Unternehmer und Erfinder Nobel mit dem Nobelpreis, der höchstdotierten humanitären Stiftung der Welt.

Allerdings: das Tuborger Bier, das Tivoli in Kopenhagen (das auf seine Weise *auch* Italien in den Norden transportiert), die Kindererzählungen der Selma Lagerlöf, der Nansensche Friedenspaß, die gemütlich-formschönen Schwedenmöbel und Kopenhagener Porzellane fallen uns, wenn vom Norden die Rede ist, nicht so leicht ein wie die nordischen Gespenster, die Schwermut, die aus Einsamkeit und Nicht-Verstehenkönnen gewoben ist, die hohe Selbstmordrate, die Eheproblematik, die eine freie Sexualmoral nicht aufgehoben, sondern nur verlagert hat. Die Gespenster sind sehr alt; immerhin erscheint der Geist von Hamlets Vater einem Dänenprinzen, der auf der Terrasse von Helsingör die Wachen inspiziert, und schon bei Shakespeare ist „etwas faul im Staate Dänemark". Das meint nicht Korruption, wie man auch denken könnte, sondern schwelendes Unheil, erstickende Gegenwärtigkeit einer drohenden Zukunft.

Es meint die Spökenkieker, deren unheimliches Modell der große Physiker und Mystiker Swedenborg ist, der 1759 in Göteborg ein Großfeuer im 800 Kilometer entfernten Stockholm in allen Einzelheiten beschrieb. Gespenster sind in Ibsens gleichnamigem Stück die Ahnungen und Niedergeschlagenheiten aus erblicher Belastung, in Munchs Bildern die Schrecken sexueller Gewalt, in Strindbergs Stücken wie in Bergmans Filmen die Haßverstrickungen von Eheleuten und die Unzulänglichkeiten von Liebenden, in Hamsuns Romanen Hunger, Not und mangelndes Begreifen. Der Nebel hängt dem Norden an; Shakespeare hat im ‚Hamlet' Dänemark so eingesetzt wie Schottland im Macbeth. Auch Goethes Erlkönig kommt eigentlich aus Dänemark, und in Ibsens ‚Peer Gynt' hausen in der Halle des Bergkönigs als Schreckgespenster die wilden Trolle. Gesellschaftskritik, Fortschritt, ‚schwedisches' Modell des Wohlfahrtsstaates, das ist die eine Seite, eine keineswegs verächtliche und für Europa durchaus beherzigenswerte. Aber – das ist die eigentliche Lehre der großen nordischen Literatur – auch im modernsten Einfamilienhaus knistert's im Gebälk.

NORWEGEN

ist die Heimat der Nordmänner, die ihr karges Felsenland verließen, um jenseits des Meeres ihr Glück zu machen. Als Normannen waren diese Auswanderer, die auf ihren schnellen Drachenschiffen über die großen Flüsse bis tief ins Binnenland von Frankreich und Deutschland eindrangen, der Schrecken Europas im frühen Mittelalter. Als Herrscher Siziliens, der Normandie und später Englands hatten sie wesentlichen Anteil am Werden Europas.

Der Eidfjord in Norwegen

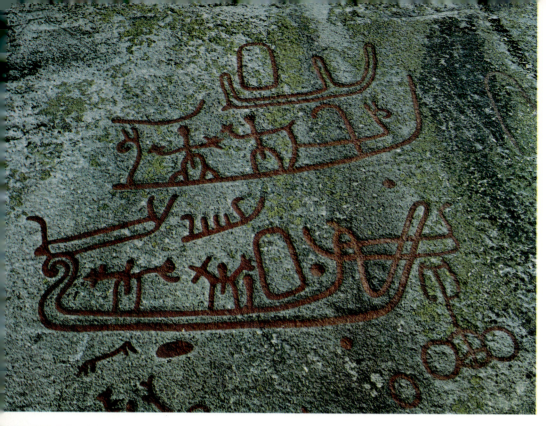

An den Felsen des Landes finden sich viele Felszeichnungen, die die berühmten Schiffe der Nordmänner zeigen.
Charakteristische Beispiele einer in Europa einmaligen Holzarchitektur sind die norwegischen Stabkirchen, die in ihrem Schmuck aus Schnitzwerk auch Gestalten der nordischen Sagas darstellen.

Schiffe, Felszeichnung bei Borge

Die Stabkirche von Borgund

Szene der Sigurdsaga, Schnitzwerk vom Portal der Hylestad-Kirche, Setesdal. – Oslo, Historisches Museum

Unter König Olaf dem Heiligen, dem Schutzpatron des Landes und Gründer des Domes von Trontheim, der Residenz der norwegischen Könige im Mittelalter, hatte das Christentum im Lande festen Fuß gefaßt.

Olaf der Heilige, Altartafel
Der Dom von Trontheim

Die alte Handelsstadt Bergen, ein Stapelplatz der norddeutschen Hanse, und die Stadt Ålesund mit ihrer charakteristischen Lage auf mehreren Inseln waren wichtige Orte der Verbindung Norwegens mit Europa.

Der Rosenkrantztarnet, ein Turm aus der Hansezeit in Bergen

Die Stadt Ålesund

Die Stadt Oslo wurde erst 1814 Hauptstadt des Landes der Fjorde und des vom Eis geglätteten Hochlandfjells, dessen wechselvolle Geschichte aufs engste mit den Nachbarländern Schweden und Dänemark verknüpft ist.

Das Rathaus von Oslo

Fjell am Breidalsvatn

SCHWEDENS VORPOSTEN

in der Ostsee war die Insel Gotland, Heimat kühner Wikinger und Ausgangspunkt der Wanderung der Goten, die bis zur Krim vorstießen und später in Oberitalien als Ostgoten, in Spanien als Westgoten germanische Reiche auf ehemals römischem Gebiet schufen. Seit dem 12. Jahrhundert war die Insel wichtige Station der norddeutschen Hanse, gehörte zeitweise zu Dänemark und erst seit 1645 endgültig zu Schweden.

Bildstein mit Wikingerschiff aus Stenkyrka/Gotland

Die Christianisierung Schwedens und des übrigen Skandinaviens wurde durch Ansgar, den „Apostel des Nordens" und Bischof von Bremen und Hamburg, vorgetrieben. Die Domkirche von Lund, älteste romanische Kirche Schwedens, und das goldene Antependium aus Gotland zeigen deutlich den Einfluß der europäischen Hochromanik.

Südquerhaus und Westturm der Domkirche zu Lund und Laurentiuskloster

Thronender Christus, Mittelteil eines Altarantependiums aus Gotland

Die Vereinigung der drei nordischen Reiche Norwegen, Schweden und Dänemark wurde durch Margarete von Dänemark 1397 in der Kalmarer Union erreicht, doch 1523 zerfiel dieses nordische Großreich, und unter König Gustav I. aus dem Hause Wasa begann Schwedens Aufstieg zur europäischen Großmacht, die als Vorkämpferin der Reformation unter Gustav II. Adolf die Kämpfe des Dreißigjährigen Krieges in Europa entscheidend beeinflußte.

Schloß Kalmar
Kirche des Klosters Vadstena, das 1346 von der hl. Birgitta von Schweden gegründet wurde

Stockholm, die Haupt- und Residenzstadt Schwedens, verdankt seinen Aufstieg ebenfalls dem Hause Wasa. Auf dem Riddarholmen, einer der drei Hauptinseln, auf denen die Altstadt liegt, ist die Gruft der schwedischen Könige in der Riddarholm-Kirche.

Das königliche Schloß auf der Insel Stadenholmen

Blick auf die Insel Riddarholmen

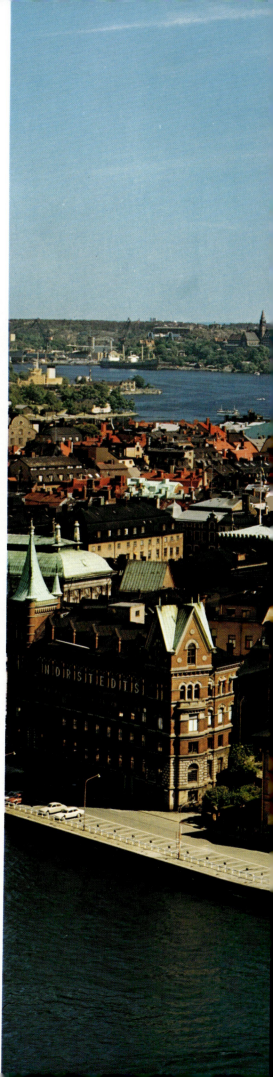

In Selma Lagerlöfs „Wunderbarer Reise des kleinen Nils Holgerson mit den Wildgänsen" und dem Roman „Gösta Berling", für den die Dichterin 1909 den Nobelpreis für Literatur erhielt, wurde Schwedens Landschaft und Geschichte für ein Weltpublikum lebendig.

Arbeitszimmer Selma Lagerlöfs auf dem Gut Marbacka

DIE GESCHICHTE DÄNEMARKS

beginnt zwar eigentlich erst im 5. Jahrhundert mit der Einwanderung der nordgermanischen Dänen aus Südschweden, doch lassen Funde wie der Sonnenwagen von Trundholm und der Kessel von Gundestrup erkennen, daß dieses Gebiet zwischen Nord- und Ostsee seit der Bronzezeit besiedelt war und Handelsbeziehungen mit den Kelten Galliens und des Donauraums bestanden.

Der Sonnenwagen von Trundholm

Seit der Bronzezeit ist Dänemark, dessen Gebiet zur Hälfte aus 500 Inseln besteht, ein Bauernland. Dennoch reichte der Einfluß der Dänen im 11. Jahrhundert bis nach England und Norwegen, die König Knut der Große zu einem Großreich vereinigte, und im 13. Jahrhundert war die südliche Ostseeküste bis nach Estland in dänischem Besitz.

*Kopf einer keltischen Gottheit,
Detail des Silberkessels von Gundestrup*

Bauernhof auf der Insel Seeland

Die Domkirche von Roskilde, die Grabkirche der dänischen Könige, die bis ins 15. Jahrhundert hier ihre Residenz hatten, zeigt in der Benutzung des Backsteins deutlich Einflüsse der Kunst Norddeutschlands, während Schloß und Kirche Frederiksborg, Krönungsort der Könige, von der niederländischen Renaissance beeinflußt sind.

Der Dom von Roskilde

Innenraum der Schloßkirche Frederiksborg

Kopenhagen, seit 1445 Haupt- und Residenzstadt von Dänemark, steht mit seinen Bauten der Renaissance und des Klassizismus ebenfalls deutlich im Einflußbereich der niederländischen Architektur, für den die Anlage der Börse ein Beispiel ist. Hier lebte auch der Märchendichter Hans Christian Andersen, der vielleicht in der Welt bekannteste Däne, dessen Gestalt der „kleinen Meerjungfrau" zum Wahrzeichen der Stadt wurde.

Die Börse von Kopenhagen

H. Ch. Andersen liest ein Märchen vor.

Folgende Seite: Die kleine Meerjungfrau

OST- UND SÜDOSTEUROPA: DAS LETZTE IMPERIUM

Wir kehren im Bogen dorthin zurück, von wo wir ausgegangen sind: nach Osten. Nur hat dieser Osten sich, parallel zur Entwicklung im Westen, gewaltig verschoben: vom östlichen Mittelmeerbecken, der Urheimat Europas, nach Norden, in die unabsehbare Landmasse, die grenzenlose Ebene, die fast übergangslos Europa und Asien verschmilzt.

Da wäre nun, wollte man historisch Ernst machen, auch Unendliches an Stoff aufzuarbeiten und darzustellen: die Geschichte des Byzantinischen, die damit verklammerte des Osmanischen Reiches, beide noch auf dem Boden Ostroms; dann Entstehen und Wachsen des Russischen Reiches, in Abwehr zuerst des mongolischen Imperiums, dann im Gegenstoß nach Nord- und Mittelasien; unerläßlich die Geschichte der anderen slawischen Völker, von denen die meisten irgendwann einmal ein Großreich aufrichteten, die Serben sowohl wie die Bulgaren, die Böhmen wie die Polen; weiter die Entwicklungen des baltischen Raumes, mit einem großlitauischen Reich immerhin und der Fremdherrschaft der Schweden, Deutschen und Russen; zuletzt auch noch die unregelmäßige, aber oft entscheidende Folge der Einbrüche aus dem Osten, von den Hunnen über die Ungarn zu Mongolen und Tataren. Was für ein komplexes Thema allein die Geschichte der Balkanhalbinsel in unserem Jahrhundert, mit den durchnumerierten Balkankriegen, als deren letzter sich der Erste Weltkrieg in seinem Ursprung und seinem Verlauf im Osten darstellt. Wieviel Hin und Her in einem einzigen Menschenalter zwischen Ungarn, Rumänien, Bulgarien, Mazedonien, Serbien, Kroatien, Dalmatien, Bosnien, Montenegro! Bis das balkanische Durcheinander zusammengefaßt wird durch die nunmehr und vorläufig letzte Schutzmacht, das einzige Imperium, das im zerstückelten Europa der Nationalstaaten noch übriggeblieben ist: die Sowjetunion.

Das läßt sich auch nur andeutungsweise nicht auf ein paar Seiten abmachen. Nicht Darstellung ist also das Ziel dieses letzten Abschnitts, sondern Abgrenzung. Noch einmal, nun aus dem Rückblick, soll der Versuch gemacht werden, zu definieren, was Europa eigentlich ist.

BYZANTINISCHES

Asien, eigentlich nur ein Teil des heutigen Kleinasien, ist durch die Perserkriege von den Griechen zur Gegenwelt dessen aufgebaut worden, was sie selber sein wollten: freie Bürger. Aus den Perserkriegen sind auch die bezeichnenden Legenden und Anekdoten überliefert: der persische Großkönig Xerxes, der mit einem gewaltigen Heer gegen die Griechen zieht, läßt eine Brücke über den Bosporus bauen, den Meeresarm, der die beiden Erdteile trennt, und als das Meer die Brücke zerstört, läßt der Herr der Heerscharen die Wellen mit dreihundert Geißelschlägen züchtigen, die Brückenbauer übrigens nebenher auch köpfen. Oder die andere Geschichte: die Perser drohen mit ihrer großen Zahl, die Pfeile ihrer Schützen würden die Sonne verdunkeln. „Gut", sagen die Griechen, „so werden wir im Schatten kämpfen."

Aus solchen Legenden waren Selbstverständnis und ‚Feindbild' gewoben. Auch als die Kleinwelt um die Ägäis längst friedlich geworden war, hieß in der Redelehre der geschwollene, aufgedonnerte Stil

‚asianisch', und ‚attisch', also griechisch, der altertümlich knappe und elegante. Pomp und Gepränge waren und blieben orientalisch, ebenso wie die Übersteigerung der Verehrung und Botmäßigkeit, auch dem Kaiser gegenüber.

Als Konstantin seine Hauptstadt in den weniger gefährdeten Osten verlegte, verfiel er nicht zufällig auf die Stadt Byzanz am Bosporus: da stand man mit einem Fuß im gesicherten, hochzivilisierten Asien, aber man war immer noch auf dem *europäischen* Ufer! Sieben Hügel wurden ausgesucht und bebaut, damit jedermann deutlich würde, hier sei ein neues Rom im Werden, prächtiger noch womöglich als das alte, aber doch nichts anderes. Das Lateinische blieb lange Amtssprache, über die Köpfe der griechisch sprechenden Bevölkerung hinweg. Auch nannten sich die Byzantiner keineswegs selber so (erst die Humanisten haben den alten Namen ausgegraben), sondern Rhomäer, Römer, und ihren Herrschaftsbereich die Romanía. Sie hielten also ihrerseits, ebenso wie später die Kaiser des Westens, die Fiktion aufrecht, da habe sich nichts verschoben als der Platz der Hauptstadt, ein Umzug, nicht mehr. Tatsächlich hatte sich in diesem Ostrom fast alles verändert, vieles in einer Richtung, die den Griechen von Salamis und Marathon keineswegs gefallen hätte. Der Kaiser hieß nicht mehr Cäsar, sondern Basileus, König. Das klingt nach weniger und war mehr; denn zu den altüberlieferten Fiktionen gehörte ja, daß Rom immer noch eine Republik sei, unter einem Imperator. Könige aber waren Alleinherrscher. Dieser Basileus nun ging noch weiter: während im Westen Kaiser und Papst ihre Aufgaben gegeneinander abzugrenzen suchten, sich gegenseitig in Schach hielten, wurde der Basileus in Byzanz de facto auch das geistliche Oberhaupt der östlichen Kirche, wurden der Patriarch von Konstantinopel und die Bischöfe seine Werkzeuge. Er war der Auserwählte Gottes, und schon floß ihm all die Verehrung zu, die einem solchen Gottesstellvertreter zukam. Es entstand das byzantinische Zeremoniell, eine Liturgie eigentlich, die mit der Proskynesis, dem Sich-auf-den-Boden-Werfen, begann. Hoben die im Staub Liegenden dann die Augen, so war ihnen der Basileus auf einem hochschraubbaren Thron entrückt. Hier hat das Gottesgnadentum auch der späteren europäischen Monarchien sein Modell, ebenso wie jene demütige und kriecherische Haltung, für die später das Wort Byzantinismus gebraucht wurde.

Die tausend Jahre byzantinischer Geschichte, mit ihren hundert Kaisern, dreizehn Dynastien, gewaltigen Eroberungen und Kulturleistungen, elenden und endlosen Religionsstreitigkeiten, mit dem Hin und Her von Kriegen, die vom Staat manchmal nur die Stadt übrigließen und einmal – in den Kreuzzügen – nicht einmal diese, sind für uns, für den Westen, ein Buch mit sieben Siegeln, nicht viel anders als das ferne China. Byzanz wird gern in Bausch und Bogen abgeurteilt; das Vorurteil der Aufklärung gegen den Mönchs- und Priesterstaat wirkt da noch nach. In Wirklichkeit war der zivilisatorische Einfluß dieses gutgeordneten, volkreichsten christlichen Staates bis ins 12. Jahrhundert hinein im höchsten Maße wohltätig für das riesige Gebiet, das sich nun erst hinter dem Balkan, zwischen den großen Strömen und dem Schwarzen Meer, der Kultur, der Seßhaftigkeit und dem Christentum, dem Recht und der Schrift, dem Staat und der Ordnung erschloß. So wurden die neuen Völker, Slawen nannte man sie später, vom Geist der christlichen Antike berührt wie die schon früher einbezogenen im Westen: nur mit dem Unterschied, daß dieser griechische Geist schon längst mit dem Orient vermählt war, Europa und Asien in einem.

NORMANNEN UND SLAWEN

Byzanz war tausend Jahre hindurch ein Rumpf- und Restreich, immer eingepreßt zwischen dem Druck, der von den Steppenvölkern des Nordens, und der Bedrängnis, die von Osten und Süden, vom persischen Großreich, von den Arabern, schließlich von dem in Kleinasien etablierten Steppenvolk der Türken ausging. Es widerstand durch Diplomatie, Bündnisse, Tributzahlungen, durch die mächtigsten Befestigungswerke, die das Altertum aufgerichtet hat. Es zog an durch seinen Reichtum, seine Kultur, den Glanz seiner Kuppeln, es war die Gottesstadt auf Erden.
Noch wichtiger: es war der wichtigste Umschlagplatz zwischen Nord und Süd, nach heutigen Maßstäben so bedeutend wie London oder Singapur, Hauptstadt und Welthafen zugleich. Die Handelsstraße ging von der Ostsee über die Seen oder die Düna zum Dnjepr, dann durchs Schwarze Meer, der Küste folgend bis zum Bosporus. Aus dem Norden kamen Pelze, Honig, Wachs und Sklaven, aus dem Süden Luxuswaren, vor allem die kostbare Seide. Der wichtigste Handelsplatz im Norden hieß Nowgorod, im Süden war es Kiew. Die Bewohner der Städte waren Slawen wie die Bauern und Waldbewohner auf dem Land, aber die einen waren die Herren, die anderen die Ausgebeuteten. Der Name der Slawen hat viele Abwandlungen erfahren: Slowenen, Slowaken, eine alte Landschaft hieß Sklawonien, und so zahlreich war die Menschenbeute, die hier eingebracht wurde, daß der Volksname zur Bezeichnung für die Geraubten wurde, die fortan ‚Sklaven‘ hießen.
Alle Handelsstraßen waren zugleich auch Raubwege. Die Wikinger ließen sich die üppigen Gelegenheiten nicht entgehen. Aber dann paktierten die klugen slawischen Kaufleute mit ihnen, stellten sie als Schutztruppe an, und, wie es so geht, die Beschützer, noch klüger, warfen sich mit ihren nordischen Gefolgsleuten zu Herren auf. Sie gründeten die ersten Staaten, in Nowgorod und Kiew, waren eine Oberschicht, tüchtig und menschenverachtend wie alle Normannen, aber zu wenig zahlreich, um sich als Volk zu behaupten. Immerhin klingt durch die russischen Namen Oleg, Olga, Wladimir noch der Norden – Helge, Helga, Waldemar – durch, und die Normannen von Nowgorod, Rus genannt, haben dem ganzen Riesenreich Rußland schließlich den Namen gegeben.
Was von den frühen Warägern, den normannischen Eidgenossen, erzählt wird, ist weithin Legende, und vor allem die Russen selbst haben den Anteil der germanischen Nordmänner an der Entstehung ihres Staates lieber zurücktreten lassen. Aber die besondere Beschaffenheit jener Slawen, aus denen die heutigen Russen hervorgegangen sind, spricht durchaus für den Normannen-Staat. Die Slawen, daran läßt ihre Sprache keine Zweifel, sind Indoeuropäer wie Griechen, Italiker, Kelten und Germanen, aus dem unerschöpflichen Völkerreservoir des Nordens und Ostens nachgerückt. Aber das unterscheidet sie von all den Eindringlingen, mit denen wir bisher zu tun hatten: Sie sind nicht als Eroberer kriegerisch vorgerückt. Wo sie hinkamen, siedelten sie, zahlreich, bescheiden, geduldig, ließen die Stürme der Steppenvölker über sich ergehen, bückten sich und richteten sich wieder auf. Da kamen auf schnellen Pferden die Hunnen und die Ungarn, die Awaren und die Bulgaren, die Petschenegen und die Chasaren, zuletzt die Mongolen oder Tataren in unglaublichen Siegeszügen: die Slawen haben sie alle überlebt, mit bescheidener Geduld.

267

DER KHAN UND DER ZAR

Man wird solches Verhalten nicht einer Rasse in die Schuhe schieben, mit jener plumpen Anmaßung, die Herren- von Knechtsvölkern unterscheidet. Zunächst war es nur ein Überlebensmodus, erst in Jahrhunderten erwuchs daraus eine Mentalität: geduldiges Sich-Fügen, Erleiden, Brüderlichkeit, gerechtfertigt durch die Lehre Christi, aber auch stumme Wut, oder jähes Aufbegehren, die Knute, unter die man sich bückte, doch bereitgehalten für Frau und Kind, Ausgelassenheit und Aufstand als Entladungen.
Drei historische Erfahrungen und gesellschaftliche Entwicklungsstufen wurden im russischen Osten – zwischen Byzanz und dem Mongolenkhan – überschlagen: das freie Bauerntum, das freie Rittertum, das freie Bürgertum. Das gab es in Polen, das auf seine Weise dem Westen folgte, auch in den Ländern des Nordens, an der Ostsee, wo der Deutsche Orden das große Litauen ablöste, erst recht in Böhmen, das zum Reich gehörte, und in Dalmatien, wo Venedig das Modell abgab. Eine einzige russische Stadt war mächtig, blühend, selbstherrlich: Nowgorod. Der große Einiger der russischen Teilfürstentümer, Iwan III., zerstörte die Stadt, ließ viele Einwohner foltern, hängen, köpfen, ersäufen, siedelte den Rest ins Innere Rußlands um, schloß das Kontor der Hanse und hängte die Große Glocke, die die Bürger zum Rat gerufen hatte, im Kreml, seiner Moskauer Residenz, auf. Aus dem strahlenden Nowgorod wurde eine bescheidene Provinzstadt, und der Flecken Moskau, am Anfang eine kleine Residenz neben vielen anderen, stieg zum neuen Byzanz des Nordens auf, mit allem abgeschauten Kuppelglanz.
Zwei Erfahrungen hatten die Moskauer Großfürsten allen anderen voraus; sie wurden entscheidend

Reiterschlacht zwischen Russen und Bulgaren im 10. Jh. Großfürst Swjatoslaw von Kiew, der Vater von Wladimir dem Heiligen, besiegt die Bulgaren. Miniatur aus der Chronik des Manasses (1345).

für die russische Geschichte. Sie hatten nicht nur im Süden das Gottkönigtum der Byzantiner studieren können, sondern auch in grenzenloser Demütigung und Unterwerfung jahrhundertelang die Herrschaft der Mongolen, verkörpert vor allem in dem südrussischen Reich, das die ‚Goldene Horde' hieß und das sich von der Wolgamündung bis zur Krim und nach Sibirien hinein erstreckte. Da hieß es, wenn man was auch immer erreichen wollte, kriechen, bestechen, das Ohr des Mächtigen suchen. Da saß Asien auf hohem Thron wie nur je ein Xerxes oder Dschinghis Khan. Die zweite Erfahrung hieß: das Wichtigste ist Abwarten. Der Vorgang des langsamen Zusammenschlusses der Teilfürstentümer durch Gewalt und List unter dem Moskauer Großfürsten hat einen sehr bezeichnenden russischen Namen: „Sammeln der Erde".

Von Moskau aus haben die russischen Herrscher die Erde gesammelt – bis heute. Geduldig, auf ihre Chance wartend, mit der Langsamkeit von Schachspielern und der verschlagenen Diplomatie, die sie in Byzanz und Kasan hatten lernen können. Im Innern allerdings waren die zarten Mittel und Methoden nicht angebracht: da galt es willenlose Werkzeuge zu erziehen, Höflinge, die spurten, Beamte, die sich beugten. Da war der große Anspruch zu verkünden: Konstantinopel war 1453 gefallen, nun brauchte man nur zuzugreifen, und aus dem Großfürsten wurde der Zar und Selbstherrscher aller Reußen; der Titel, der Doppeladler, das Metropolitenamt kamen aus Byzanz und eine byzantinische Prinzessin dazu.

Und da war nun ein Regiment zu führen, daß den Untertanen, vor allem den hohen, Hören und Sehen verging. Der Terror konzentriert sich in der Herrschaft Iwans IV. des Schrecklichen, aber er hat ihn überdauert, und schrecklich waren auf ihre Weise der große Zar Peter und die große Zarin Katharina. Viele Stunden lang, berichtet die Chronik, lag der Zar Iwan mit seinen wilden Dienern in der Kirche auf dem Boden, küßte das Kreuz und sang die heiligen Lieder; dann erhob er sich plötzlich, ging in die Folterkammer oder stürzte sich in wilde Gelage und Ausschweifungen. Er rottete ganze Familien aus, aber für die Opfer ließ er Totenmessen lesen.

Der Aufstieg Moskaus hatte seine erste Phase zwischen 1480, dem Jahr der Befreiung von der Tatarenherrschaft, und 1584, dem Todesjahr Iwans des Schrecklichen. Es ist im Westen das Jahrhundert der Entdeckungen und Erfindungen, der Renaissance und der Reformation. Davon drang nach Rußland nichts. Oder doch: der Kremlpalast wurde von italienischen Architekten erbaut.

WENDUNG ZUM WESTEN

Was man an Zivilisatorischem, an Technik, brauchte, holte man sich aus dem Westen. Vor allem Fachleute kamen, wurden in einer Moskauer Vorstadt angesiedelt. Der junge Thronfolger Peter, der als Kind zugesehen hatte, wie die Gardetruppen seine Verwandschaft niedergemetzelt hatten, ging gern durch die Vorstadt, wo deutsche, holländische, schottische Handwerker, Ärzte, Künstler und Offiziere wohnten. Als er den Thron bestieg, entschied er sich für Lehrjahre in Europa. Zum ersten Mal seit siebenhundert Jahren ging ein Russenherrscher in den Westen. Peter gab sich als Artillerie-

Unteroffizier aus, lernte in Holland als Schiffszimmermann, in England Klempnern, Zahnziehen und Segelmachen, sah beim Exerzieren und Artillerieschießen zu, studierte den Festungsbau. Lortzing hat aus dieser eisern durchgestandenen Lehrzeit die liebenswürdige Oper „Zar und Zimmermann" gemacht.

Aber liebenswürdig, gesittet im europäischen Sinn, war der große Zar durchaus nicht geworden. Er schnitt nicht nur den Bojaren die Bärte ab, sondern auch den aufständischen Gardeoffizieren die Köpfe. Zwölfhundert von ihnen ließ er nach gräßlichen Martern zum Tode verurteilen; die ersten fünf erledigte er selbst, zwang viele Bojaren zum Weitermachen, und der Henker durfte den Rest besorgen. Der Osten ging nicht mit entrollten Fahnen zu Europa über; er studierte nur Europa, um es in seine Gewalt zu bekommen.

Der Weg dazu führte über ein neues Byzanz, das wie die Mutterstadt am Meer liegen mußte, ein nördliches notgedrungen, denn im Süden war die Ausfahrt durchs Schwarze Meer gesperrt, seit die Türken, die Erbfeinde der russischen Rechtgläubigkeit, den Bosporus besaßen. So wurde an der Ostsee die Peter-und-Paul-Festung gegründet, um die sich bald die neue Stadt *Sanktpiterburch* entwickelte. Der Zar gab nur nebenbei den Namen her; Sankt Peter, der erste römische Papst, war wichtiger. In der Mitte des 18. Jahrhunderts ging die Hälfte der russischen Ein- und Ausfuhren über St. Petersburg; es wurde mit Museum und Bibliothek und Sternwarte, mit Hafen und Industrie, mit Prachtstraßen und Adelspalästen die Schauseite Rußlands. Aber Moskau hörte nicht auf, Hauptstadt zu sein. Der Westen und der Osten stritten sich seitdem um die russische Seele.

Politisch hat Peter den Anspruch eingelöst, der in dem Titel ‚Zar aller Reußen' lag. Er hat Rußland zur europäischen Großmacht erhoben, die schwedische Vorherrschaft in der Ostsee gebrochen, die Selbständigkeit der Kosaken in der Ukraine, der alten Grenzlandschaft gegen die Tataren, aufgehoben, die Türken in Schach gehalten, aus dem neuen großen Rußland, das sich vom Eismeer bis zum Schwarzen Meer und nach Sibirien hinein erstreckte, einen Einheitsstaat gemacht. Das Reich wurde in Gouvernements eingeteilt, der Adel in Beamtenklassen aufgespalten, die Kirchenspitze in ein Kollektivorgan, den Heiligen Synod, verwandelt. Schließlich, 1721, nahm Peter der Große den Kaisertitel an und versetzte sich damit in den gleichen Rang wie der deutsche Kaiser, der seinen Titel vom römischen geerbt hatte. Neben Westrom war Ostrom wiederauferstanden.

DIE GROSSMACHT WIRD ZUR WELTMACHT

Nach Peters Tod ging das Schachspiel weiter, das ‚Sammeln der Erde'. Im Türkenkrieg 1735–1739 rückte zum ersten Mal die Eroberung Konstantinopels über den Balkan hinweg als Ziel in die Sichtweite russischer Marschälle. Im Siebenjährigen Krieg besetzten Russen Berlin, und die ostpreußischen Stände huldigten der Kaiserin Elisabeth. Katharina die Große sicherte den Süden, gewann die Krim, erhielt bei der Teilung Polens die ‚rechtgläubigen' polnischen Ostgebiete. Alexander I. eroberte Bessarabien, zog nach dem Sieg über Napoleon als ‚Befreier Europas' in Paris ein, brachte das durch den

Wiener Kongreß neugegründete Königreich Polen unter russische Oberhoheit. Der Aufstand der Polen 1830 wurde niedergeschlagen, Polen einverleibt. Dem Kaiser von Österreich half der Zar bei der Niederwerfung des ungarischen Aufstandes 1849. Man denkt verblüfft an Parallelen aus der neuesten Geschichte.

Im ganzen hatte sich Rußland tief mit dem Westen eingelassen. Über den Millionen im Altrussentum verharrender Bauern bildete sich eine halb europäisierte Adels- und Bildungsschicht, zuerst deutsch, dann französisch beeinflußt. In der russischen Akademie der Wissenschaften waren im 18. Jahrhundert von 111 Mitgliedern nur 26 Russen; von der Gesamtheit der namentlich erfaßten Beamtenschaft im russischen Staatsdienst zwischen Peter dem Großen und 1917 hatte etwa ein Drittel westeuropäische Namen. Tolstoj hat diese Oberschicht in „Krieg und Frieden" unvergeßlich beschrieben. Die Grenze zwischen Europa und Asien lag nicht irgendwo am Ural, zwischen dem Schwarzen und dem Kaspischen Meer, sondern ging durch jeden Russen. Der Konflikt wurde unheilbar, als die intellektuelle Oberschicht, eben indem sie die liberalen und sozialistischen Ideen des Westens aufgriff, zum ersten Mal des dumpf und dunkel leidenden Volkes ansichtig wurde und den neuen Gedanken faßte, daß von Rußland nicht Eroberung, sondern Erlösung auszugehen habe, Überwindung der bloßen Rationalität und Technik des Westens durch die große russische Seele. Tolstoj und Dostojewskij, beide als Künstler Romanciers von Welt- und Epochenwirkung, waren in diesem Sinne zugleich Propheten, Evangelisten und Revolutionäre.

Der geschichtliche Rest, das Rußland der jüngsten Vergangenheit und der Gegenwart, ist uns geläufig. Wie einst in Peters des Großen Reich mischen sich auch in der Sowjetunion asiatische und europäische Züge, ist ein westliches Gedankensystem den Bund mit einer östlichen Maschinerie und Mentalität der Unterdrückung eingegangen. Das urdemokratische Rätesystem, in das der russische Erlösungsglaube einfloß, wurde durch den tatarengesichtigen Lenin in eine totale Staatsbürokratie verwandelt, und sein Nachfolger Stalin („der Stählerne"), ein Georgier, also Asiate, fügte mit seinen Säuberungen dem System alle alten Schrecken des Zarentums hinzu. Beide haben zugleich das große Schachspiel des Erdesammelns mit erstaunlichem Erfolg fortgesetzt, unterstützt durch eine Ideenmission, die überall in der Welt Stützpunkte vorgeschoben hat. Dieses letzte Imperium ist gleichzeitig eine föderalistische Union, ein Vielvölkerstaat, aber beherrscht wird diese Union von den Russen, die sie begründeten.

NACHWORT:
EIN ABSCHIED

Ist von Europa, einer Idee, die sich in einem Erdteil verleiblicht hat, Abschied zu nehmen? Vieles deutet darauf hin. Um 1900 besaß Europa die halbe Welt. Einzelne asiatische und afrikanische Staaten überlebten noch, weil sich die Mächte noch nicht geeinigt hatten, wer sie besitzen sollte: Äthiopien, der Iran, Thailand. Als in China, dem riesigen und morschen Reich der Mitte, Aufständische gewagt hatten, Botschafter zu ermorden, entsandten die Mächte eine Strafexpedition, die kurzen Prozeß machte. Kanonenboote genügten, an die Stelle von Eroberungskriegen traten Polizeiaktionen. Die USA, gewiß, waren eine außereuropäische Macht; aber sie enthielten sich aller Einmischung, wahrten die europäischen Standards, lernten Kultur in London und Paris. Rußland schließlich schien auf dem Weg, in einer langen Kette von Reformen den Anschluß an das liberale Europa zu vollziehen.
In einem Menschenalter, von 1914 bis 1945, ist diese europäische Welt völlig auf den Kopf gestellt worden. Kriege waren im vorigen Jahrhundert kontrollierte Veranstaltungen, leichte Veränderungen des Gleichgewichts. Selbst nach den ungeheuren Aderlässen der napoleonischen Kriege blieb Frankreich ein standfester Staat mit voller Beteiligung. So faßten die Staaten, die in ihn hineinstolperten, auch den Krieg von 1914 auf. Aber dann wurde, durch neue Waffen und einen überspannten Sieges- und Widerstandswillen, ein Völker- und Weltkrieg daraus, wurde aus der deutschen Niederlage eine fast totale Vernichtung, und aus der Fast-Vernichtung bezog Hitler sein bestes Argument für den neuen, den nächsten Weltkrieg, der Sieger und Besiegte nach seinem Willen austauschen sollte.
Europa hat in diesen beiden Kriegen seine Machtstellung zerstört, seine Kolonien verloren, die beiden Supermächte Amerika und Sowjetunion inthronisiert. Hitler hatte seinen Krieg begonnen, weil ihm der territorial abgesicherte Korridor nach Ostpreußen zu schmal war; nun ist West-Berlin nur noch durch einen territorial *nicht* abgesicherten, beliebig zu unterbrechenden Korridor zu erreichen, und die Krönungsstadt der Preußenkönige, Königsberg, existiert nicht mehr. Der sowjetische Einfluß reicht bis an die Elbe. Berlin, Prag, Budapest sind Stützpunkte des russischen Systems; West-Berlin überlebt dank amerikanischer Garnison.
Weder eine leicht zu erschütternde Wirtschaftsmacht noch eine müde Kultur können die halbwegs befriedeten, aber immer noch rivalisierenden Länder Europas retten. Der Europagedanke ist in Komitees und Bürokratien erstarrt. Man hat alles Recht, pessimistisch zu sein. Man hätte alles Recht, wenn Europa nicht immer noch der Kontinent des Odysseus und des Kolumbus, des immer neu gefundenen Auswegs aus der eigenen Schwäche wäre. So viel ist sicher: von selbst wächst nichts ursprünglich Getrenntes zusammen. Ohne ‚Sammeln der Erde' geht es nicht. Uns Europäern sollte es dann am Ende gleichgültig sein, ob der große Staatsmann, der uns einen wird, aus dem England Churchills, dem Frankreich De Gaulles oder dem Deutschland Adenauers kommt oder aus einem der kleinen Länder, die Europa erst zu Europa machen.

DIE LÄNDER IM OSTEN EUROPAS

bildeten für das christliche Kernland seit dem frühen Mittelalter ein Bollwerk gegen die aus den Tiefen Asiens und des Balkans immer wieder angreifenden heidnischen Reiterheere. Vor allem vom Nachbarland Deutschland aus wurde deshalb seit dem 9. Jahrhundert eine planmäßige Kolonisierung im Osten zur Sicherung seiner Grenzen vorgetrieben. In der Ostmark, aus der sich der Staat Österreich entwickelte, war es zunächst das Geschlecht der Babenberger, dessen Mitglieder als Markgrafen und später als Herzöge die Reichsgrenze gegen die Ungarische Tiefebene sicherten.

Stammtafel der Babenberger im Stift Klosterneuburg

Salzburg, das schon im 3. Jahrhundert als römische Garnisonsstadt eine christliche Gemeinde besaß und von Bonifatius 739 zum Bistum erhoben wurde, war lange geistlicher Hauptort des Gebiets.

Blick auf Salzburg

Mit dem Erwerb von Tirol, das durch Erbschaft an die Habsburger fiel, sicherte sich Österreich wertvolle Bergbaurechte und schob seinen Machtbereich bis nach Oberitalien vor.

Schloß Tirol im Etschtal

Der Einfall der Türken, die 1683 bis Wien vorstießen, einte die Völker Europas im Abwehrkampf. Glanzvollste Gestalt der Türkenkriege war der in habsburgischen Diensten stehende Prinz Eugen von Savoyen, der Sieger von Peterwardein und Belgrad.

Prinz Eugen

König Johann Sobieski von Polen in der Türkenschlacht vor Wien

Der Stephansdom, Wahrzeichen Wiens

Unter Maria Theresia, Kaiserin von Österreich, Königin von Böhmen und Ungarn, konzentrierte sich das Bemühen der Habsburger, die unter Kaiser Karl V. ihre Macht bis Amerika ausgedehnt hatten, auf den österreichischen Einheitsstaat. Künstlerisch wandelt sich der beherrschende Barockstil, in dem im ganzen Land Kirchen, Klöster und Schlösser erneuert wurden, zum graziösen Rokoko.

Die Große Galerie in Schloß Schönbrunn

Kloster Melk an der Donau

Prag, die Hauptstadt der heutigen Tschechoslowakei, ist durch seine Geschichte sowohl mit Deutschland wie mit Österreich eng verbunden. Kaiser Karl IV. machte die Stadt 1346 zu seiner Hauptstadt, gründete 1348 hier die erste deutsche Universität und begann den Bau des gotischen St.-Veits-Domes, in dem auch der Schrein des tschechischen Nationalheiligen Wenzel bewahrt wird.

Kaiser Karl IV.

Blick über die Karlsbrücke auf Hradschin, die Burg, und den Dom von Prag

Statue des hl. Wenzel im Veitsdom

Die enge Verflechtung Prags und der Tschechoslowakei mit Europa und die geistigen Anstöße, die von hier ausgingen, zeigt die Gestalt des tschechischen Reformators Johann Hus, der 1415 während des Konstanzer Konzils als Ketzer verbrannt wurde. Die von seinen Anhängern geführten Hussitenkriege sind wie ein Auftakt zum Dreißigjährigen Krieg, der zweihundert Jahre später 1618 ebenfalls in Prag mit dem „Fenstersturz" begann. Geistige Anstöße zur Gewinnung eines neuen Weltbildes gingen auch von dem in Prag lehrenden dänischen Astronomen Tycho de Brahe aus, dessen Schüler Johann Kepler die Grundlage der modernen Himmelsphysik schafft.

Die Teynkirche in Prag, in der Tycho de Brahe begraben ist

Der Reformator Hus wird verbrannt und seine Asche in den Rhein gestreut

Auch die Geschichte Polens, das unter den Piasten 966 das Christentum annahm und mit der Gründung des Erzbistums Gnesen eine unabhängige polnische Kirche erhielt, ist eng und oft leidvoll mit der Geschichte Deutschlands verbunden, dessen Einfluß sich vor allem in der Kunst des Mittelalters zeigt und bis heute in manchen Städten sichtbar ist. Die Hauptstadt Warschau, im Zweiten Weltkrieg fast völlig zerstört, wurde in modernem Stil östlicher Prägung wiederaufgebaut.

Adalbert empfängt aus der Hand Kaiser Ottos II. den Bischofsstab, Bronzerelief von der Tür des Doms zu Gnesen

Markthallen in Krakau

Folgende Seite: Das moderne Warschau

Rußland, das sich bis nach Asien erstreckt, wurde unter Peter dem Großen, dessen Gründung von St. Petersburg 1703 die „Europäisierung" des Landes beschleunigte, bewußt nach Westen orientiert. Heute sind die Zarenschlösser der in Leningrad umbenannten Stadt ebenso wie die Kuppeln der Klosterkirchen und Kathedralen nur noch Erinnerungen an die Zeit der Zaren und des alten Rußland, das in der kommunistischen Revolution unterging. Der Einfluß Rußlands und der Machtanspruch des Sowjetstaates in Europa und in der Welt sind geblieben und stellen eine ständige Bedrohung dar.

Schloß Peterhof in Leningrad

Folgende Seite: Basiliuskirche am Roten Platz in Moskau

BILDREGISTER

DIE GRIECHISCH-RÖMISCHE ANTIKE

Tempel des Meergottes Poseidon auf Kap Sunion, erbaut um 440 v. Chr. In der Bucht von Sunion wurden während der Panathenäischen Spiele Schiffskämpfe veranstaltet (Dols).

Goldmaske aus dem Grab eines Königs von Mykene, bekannt als „Goldmaske des Königs Agamemnon"; um 1500 v. Chr. – Athen, Nationalmuseum.

Blick durch den Stadioneingang in den Hain von Olympia, das Heiligtum des Zeus. Seit 776 v. Chr. gibt es die Aufzeichnung der Siegernamen in den alle vier Jahre zu Ehren des Zeus veranstalteten Olympischen Spielen, doch reicht die Tradition der Spiele weiter zurück (Dols).

Am Südhang des Parnassos-Gebirges, des mythischen Wohnsitzes der Musen, liegt das Heiligtum des Apollo in Delphi, dessen heiliger Bezirk neben dem Tempel auch ein Theater und die Schatzhäuser griechischer Städte umfaßt. Die Tradition dieses Heiligtums reicht bis in mykenische Zeit zurück, wo Delphi Kultstätte einer Muttergottheit war.

Die kulturelle und religiöse Tradition der Kykladeninsel Delos vor der Ostküste Griechenlands reicht bis in prähistorische Zeit zurück. In der Nähe des Heiligen Sees im Tempelbezirk der Insel, die als Geburtsort der Götter Apollo und Artemis gilt, liegt die Löwenterrasse mit neun archaischen Marmorlöwen (7. Jh. v. Chr.).

Die Akropolis, der Burg- und Tempelberg Athens, wurde seit dem 6. Jh. v. Chr. als Kultstätte ausgestattet und erhielt nach der Zerstörung in den Perserkriegen unter Perikles seit 447 die wesentlichen, bis heute erhaltenen Bauten, unter denen der Parthenon, der Tempel der Stadtgöttin Athene, geschmückt mit den Reliefs und der verlorenen Gold-Elfenbein-Statue der Göttin von Phidias, als Hauptwerk der griechischen Klassik hervorragt (Schmidt).

Die Kapitolinische Wölfin, die der Sage nach Romulus und Remus, die Gründer Roms, als Säuglinge fand und nährte, ist Symbol des römischen Weltreichs. Der etruskischen Bronzefigur (6./5. Jh. v. Chr.) fügte Antonio del Pollaiuolo im 15. Jh. die Gestalten der Zwillinge hinzu. – Rom, Museo Capitolino.

Das Forum Romanum war seit dem 3. Jh. v. Chr. Mittelpunkt des öffentlichen Lebens der Stadt und Herz des sich entwickelnden Weltreichs.

Zwischen dem Colosseum, dem größten Baudenkmal des antiken Rom, und dem Gebiet des Forum Romanum liegt der Konstantinsbogen, der zur Erinnerung an den Sieg Konstantins über Maxentius 312 errichtet wurde. Der Bogen ist zugleich Siegeszeichen des Christentums, das nach dieser Schlacht zur gleichberechtigten Religion aufstieg.

Kaiser Konstantin erhob 330 die von Dorern um 658 v. Chr. gegründete Stadt Byzantion unter dem Namen Konstantinopel zur Hauptstadt des Oströmischen Reiches. Die Miniatur aus der Zeit des Sultans Suleiman des Großen (1495–1566) zeigt die Stadt zur Zeit der osmanischen Herrscher. – Istanbul, Universitätsbibliothek (Babey).

Schon unter Kaiser Konstantin wurde 326 über dem Grab des Apostels Petrus in Rom eine Basilika errichtet. Der heutige Bau wurde seit 1506 unter Bramante (1506/14), Michelangelo (1547/64, Entwurf der Kuppel), Maderna (1603/29, Langhaus) und Bernini (1629/69, Vorhalle, Baldachin und Kolonnaden des Platzes) errichtet.

Das Reiterstandbild Kaiser Marc Aurels (161–180) auf dem Kapitolsplatz in Rom ist das einzige erhaltene Reiterstandbild der Antike.

Reste eines Tempels auf der Akropolis von Selinunt, einer im 7. Jh. v. Chr. gegründeten griechischen Kolonie an der Südküste Siziliens.

Raffaels „Die Schule von Athen". Um Platon und Aristoteles in der Mitte gruppieren sich griechische Philosophen und Mathematiker. Das Wandbild (1511) ist ein Symbol für die Wiederentdeckung der Antike in der Renaissance. – Rom, Vatikan, Stanza della Segnatura.

Römische Wasserleitung in Segovia, der Hauptstadt der spanischen Provinz Altkastilien. Die 128 Bögen der aus Granit erbauten Wasserleitung stammen aus der Zeit des Kaisers Trajan (98–117 n. Chr.).

Römisches Amphitheater in Pola (heute Pulj), einer Hafenstadt an der Südspitze von Istrien. Die Stadt wurde 42 v. Chr. auf Befehl des späteren Kaisers Augustus gegründet. Das Theater ähnelt im Aufbau dem Colosseum in Rom, es wurde zur Zeit Kaiser Titus' (79–81 n. Chr.) vollendet.

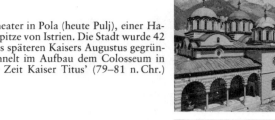

Kuppelkirche des Rilaklosters, nach Brand 1833 in byzantinischem Stil neu errichtet. Nationalheiligtum Bulgariens (Wirz).

Mittelteil einer spätrömischen Silberplatte mit Darstellung einer Stadt am Meer und fischfangender Amoretten. Silbervergoldet und nielliert; Durchmesser der ganzen Platte 58,5 cm, des Mittelteils 16 cm. Teil des um 350 n. Chr. vergrabenen, 1962 gefundenen Silberschatzes von Kaiseraugst. – Augst bei Basel, Römermuseum.

Kapelle des serbischen Könighauses Nemanja (1180–1371) im Kloster Studenica.

Kaiser Justinian mit Gefolge. Mosaik (521/548) in San Vitale, Ravenna.

Die Alexander-Newski-Kathedrale in Sofia (1896/1912) zeigt das Weiterleben des Typs der byzantinischen Kuppelkirche (Central Color).

Innenraum der Hagia Sophia (523/537) in Konstantinopel. Höhe der Hauptkuppel 50 m (Babey).

Selbst in der Krone Peters des Großen (1689–1725), der Rußland zum europäischen Westen öffnete, zeigt sich die Form der byzantinischen Kuppel. – Moskau, Kreml.

WERDENDES ABENDLAND

Goldmedaillon mit Bild des hl. Severin, Erzbischofs von Köln († 397). Ottonische Goldzellenschmelzarbeit (Durchmesser 11,7 cm), wohl von einem Schrein des Heiligen. – Köln, Kirche St. Severin.

Kopf Kaiser Konstantins. Fragment einer kolossalen Sitzstatue. 313 n. Chr. – Rom, Hof des Konservatorenpalastes.

Büstenreliquiar Kaiser Karls des Großen (um 1300, Bügelkrone 1349), gestiftet von Kaiser Karl IV. – Aachen, Domschatz.

Die „Porta Nigra", monumentales römisches Stadttor in Trier. Erbaut 313–316 n. Chr., 1037 in eine Kirche umgebaut, auf Anordnung Napoleons wieder in den antiken Zustand versetzt.

Blick in den Innenraum der achteckigen Pfalzkapelle Karls des Großen in Aachen, erbaut 796–804 unter Verwendung von antiken Säulen.

Kelch Herzog Tassilos von Bayern, gestiftet für das 777 von ihm gegründete Stift Kremsmünster. Kupfer mit Nielloeinlagen und Silbermedaillons, Höhe 25,5 cm. – Stift Kremsmünster, Oberösterreich.

Sarkophag (modern) der Kaiserin Theophanu († 991), der Gemahlin Ottos II., im südlichen Querhaus der im 10. Jh. neuerbauten Kirche St. Pantaleon in Köln.

Die römisch-deutsche Kaiserkrone, geschaffen vermutlich für die Krönung Ottos des Großen 962. Gold mit Edelsteinen und Perlen und vier Goldemailplatten, auf denen die Könige David und Salomon, der Prophet Isaias vor König Ezechias und Christus als Pantokrator mit der Beischrift „Per me reges regnant – Durch mich herrschen die Könige" dargestellt sind. – Wien, Kunsthistorisches Museum.

Grabmal des Gotenkönigs Theoderich des Großen in Ravenna, um 526. Der Deckstein des Monuments besteht aus einem Stein von 11 m Durchmesser und einer Stärke von 3,20 m.

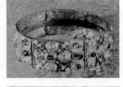
Die Eiserne Krone der Langobardenkönige. Eine Arbeit des 9. Jh., bestehend aus sechs mit Edelsteinen verzierten Goldplatten über einem Eisenreif, angeblich ein Nagel vom Kreuz Christi. – Monza, Domschatz.

Anbetung der Könige, langobardisches Relief (um 740) vom „Altar des Ratchis". – Cividale del Friuli, Dom.

Innenraum der westgotischen Königshalle (8. Jh.) in Narancho bei Oviedo, der Hauptstadt der spanischen Provinz Asturien, von wo die Rückeroberung des Landes von den Mauren ihren Ausgang nahm. 848 wurde der Bau in die Kirche Sta. María de Narancho umgewandelt.

Bonifatius tauft heidnische Friesen und erleidet den Märtyrertod. Miniatur (um 975) aus einem in Fulda entstandenen Sakramentar. Höhe 27 cm, Breite 24 cm. – Göttingen, Niedersächsische Staats- und Universitätsbibliothek.

Der große Jellingestein, errichtet 980 von König Harald Blauzahn für seine Eltern Gorm und Tyra. Die eine Seite des Steins zeigt eine Darstellung Christi (unser Bild), die Rückseite eine Darstellung des Großen Tieres. – Jellinge, Dänemark.

Christus, Schmuckseite aus dem im späten 8. Jh. in Irland oder auf der Insel Iona entstandenen Evangeliar von Kells (Book of Kells). – Dublin, Trinity College Library.

Die Cappella Palatina im Palast der Normannenkönige in Palermo. Errichtet 1132–40 unter König Roger II. Der Mittelraum wird von zehn antiken Säulen getragen, die Holzdecke zeigt arabischen Stil, das Goldmosaik der Stirnwand ist das Werk byzantinischer Künstler.

Christus in der Kuppel der ganz mit byzantinischen Goldmosaiken ausgeschmückten Kreuzkuppelkirche Martorana in Palermo. Erbaut 1143 von Georg von Antiochien, dem Admiral König Rogers II.

Kuppelkirche des Klosters Sveti Naum am Ochridasee.

Der hl. Martin teilt seinen Mantel mit dem Bettler, sogenannter „Bassenheimer Reiter". Sandsteinrelief, um 1240 wohl für eine Kirche in Mainz von dem Naumburger Meister geschaffen. – Kirche von Bassenheim, Kreis Koblenz.

Goldener Ambo (Kanzel) im Aachener Münster. Gestiftet von Kaiser Heinrich II. (um 1002–1024); vergoldetes Kupferblech über Holzkern, Höhe 1,46 m.

Innenraum der Kirche von Saint-Denis in Paris, der Grabkirche der Könige von Frankreich. Unter Abt Suger wurde auf Resten einer älteren Kirche um 1137 der Bau begonnen, der zu den Gründungsbauten der französischen Gotik gehört.

Aufgang zum Tor der oberen Festungsstadt von Carcassonne, der Hauptstadt des südfranzösischen Departements Aude. Die von einer zum Teil stark restaurierten Doppelmauer mit 53 Wehrtürmen umgebene Oberstadt ist ein Beispiel einer befestigten Stadt des Mittelalters.

Der Minnesänger Friedrich von Leiningen. Miniatur aus der im 13./14. Jh. vielleicht von der Züricher Kaufherrenfamilie Manesse zusammengestellten „Manessischen Liederhandschrift". Die größte und prächtigste Liedersammlung des deutschen Mittelalters enthält 7000 Strophen von 140 Minnesängern und 138 Miniaturen. – Heidelberg, Universitätsbibliothek.

Münze König Edwards IV. von England mit Darstellung des in einem Schiff stehenden Königs. Die Rückseite zeigt eine Rose, das Zeichen der Adelshäuser Lancaster (weiße Rose) und York (rote Rose), die in den Rosenkriegen 1455–1485 um die Nachfolge der Königswürde kämpften, welche 1154–1399 das mit beiden verwandte Haus Anjou-Plantagenet innehatte.

Krypta des Doms zu Speyer mit Gräbern deutscher Kaiser. Der Dom wurde zwischen 1030 und 1159 errichtet.

ITALIEN

Atrium (1150) der Basilika S. Ambrogio in Mailand. Kirche und Kloster wurden 386 vom hl. Ambrosius, dem Stadtpatron und ersten Bischof, gegründet und im 8./9. Jh. umgebaut. Die heutige Anlage, ein Hauptwerk der lombardischen Romanik, stammt aus dem 11./12. Jh.

Das Haupttor (3.–2. Jh. v. Chr.) der alten Etruskerstadt Perugia, der Hauptstadt Umbriens.

Blick auf die Stadt Rivello in Lukanien in Unteritalien. Diese vom Tourismus noch kaum erschlossene Landschaft, auch unter dem Begriff Basilicata bekannt, wurde schon im 8. Jh. von Griechen besiedelt, im 5. Jh. von den samnitischen Lukanern erobert, die wiederum seit 272 v. Chr. von den Römern unterworfen wurden. Für das Südreich der Staufer war Lukanien die Verbindung zwischen den Küstenstädten am Tyrrhenischen Meer und den Orten in Apulien.

Mittelteil der Bekleidung des Hochaltars von S. Ambrogio in Mailand. Dieser von Meister Volvinius 835 geschaffene „Paliotto" aus Gold- und Silberreliefs zwischen Stegen aus Filigran, Email und Edelsteinen zeigt im Mittelteil den thronenden Christus zwischen Aposteln und Evangelistensymbolen. Die Seitenteile tragen Szenen aus dem Leben Christi und des hl. Ambrosius.

Die Engelsburg in Rom wurde um 135 von Kaiser Hadrian als Mausoleum erbaut. Im Mittelalter war die Anlage Festung der Päpste. Die gleichfalls römische Engelsbrücke wurde 1688 mit zehn Engelstatuen nach Entwürfen Berninis geschmückt.

Portal der Basilika S. Zeno Maggiore (1117–1138) in Verona. Der von Löwen getragene Portalvorbau ist wie die seitlichen Reliefs ein Werk der Meister Nikolaus und Wiligelmus. Das Portal ist mit Bronzeplatten, die biblische und weltliche Szenen zeigen, geschmückt. Diese dem hl. Bischof Zeno (362–372) von Verona geweihte Kirche gehört zu den schönsten romanischen Bauten Italiens und ist neben dem großartigen römischen Amphitheater die Hauptsehenswürdigkeit dieser Stadt mit einer überreichen geschichtlichen Vergangenheit.

San Gimignano, auf einem Hügel der Toskana gelegen, bietet noch heute einen Eindruck einer Stadt des Mittelalters. Von den 76 Türmen der befestigten Stadtpaläste, die die Stadt einst besessen haben soll, stehen heute noch 13 als Wahrzeichen der Stadt.

Blick auf Assisi, die Stadt des hl. Franziskus, des Nationalheiligen Italiens, am Fuß des Monte Subasio. Vorn links der Sacro Convento mit der Kirche S. Francesco (1228) über dem Grab des Heiligen in der Krypta.

Der Palazzo Pubblico mit der Torre del Mangia (1297–1310), dem Wahrzeichen von Siena. Auf der vor dem Rathaus liegenden Piazza del Campo findet zwischen dem 2. Juli und 16. August das Palio-Pferderennen statt, eines der eindrucksvollsten Feste Italiens.

Die Apsis des Doms und der als „Schiefer Turm" bekannte Campanile von Pisa. Dom, Campanile und Baptisterium (11.–12. Jh.) in reiner Romanik bilden eine Baugruppe von großer Eindruckskraft. Der 55 m hohe Schiefe Turm, der 1174 von Bonannus Pisanus begonnen wurde, gliedert sich in sechs von je dreißig Säulen gebildete Galerien. Der Turm weicht etwa 4,27 m von der Senkrechten ab.

Lorenzo de' Medici, „il Magnifico", im Zug der Heiligen Drei Könige. Fresko von Benozzo Gozzoli (1459–1463) im Palazzo Medici-Riccardi in Florenz.

Blick über den Arno auf Florenz, die Hauptstadt der Toskana. Links der Turm des Palazzo della Signoria von Arnolfo di Cambio (1298–1314); rechts der Dom mit der Kuppel von Brunelleschi (1434), der Campanile von Giotto (1334ff.) und das Baptisterium mit seinen berühmten Bronzetüren von Ghiberti (1425ff.).

Die Torre dell'Orologio (1496), der Uhrenturm, mit dem Markuslöwen, an der Nordseite des Markusplatzes in Venedig.

Reiterdenkmal des im Dienst der Republik Venedig stehenden Condottiere Gattamelata vor der Basilika S. Antonio in Padua. Das Bronzedenkmal ist ein Meisterwerk von Donatello (1453).

Der Palazzo Cà d'Oro, einer der schönsten gotischen Paläste Venedigs, erbaut 1421–1440, am Canal Grande, der 3800 m langen Hauptverkehrsader der Stadt.

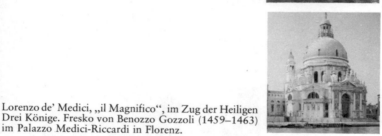
Die Kirche S. Maria della Salute am Ende des Canal Grande. Die barocke Kuppelkirche wurde 1631–1687 von Longhena errichtet.

FRANKREICH

Die mächtigen Steinalleen bei Carnac in der Bretagne entstammen der Jungsteinzeit (um 2000 v. Chr.).

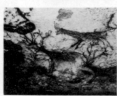
Hirsche und Wildpferd. Eiszeitliche Malerei (Magdalénien) in der Höhle von Lascaux (Dordogne). Länge der Hirsche ca. 85 cm.

Weibliche Figur mit Bisonhorn, sogenannte „Venus von Laussel". Höhe 40 cm, aus Laussel (Dordogne). – Bordeaux, Musée d'Aquitaine.

Blick über den „Alten Hafen" von Marseille, der zweitgrößten Stadt Frankreichs, auf die Wallfahrtskirche Notre-Dame-de-la-Garde (1853–64), deren 45 m hoher, von einer 9 m hohen Marienstatue gekrönter Turm das Wahrzeichen der Stadt ist.

Rückwand des römischen Theaters (120 n. Chr.) in der Rhônestadt Orange mit einer Marmorstatue des Kaisers Augustus.

Blick in den Chor der Abteikirche St-Benoît-sur-Loire (1070–1108). In der Krypta der 112 m langen Kirche, deren Langhaus 1150–1218 errichtet wurde, befindet sich der Schrein mit den Gebeinen des hl. Benedikt, des Gründers des Benediktinerordens.

Vorfahren Christi, Figuren am rechten Gewände des mittleren Westportals, des sogenannten „Königsportals", der Kathedrale von Chartres (1145–1150).

Lanzett- und Rosenfenster des nördlichen Querhauses der Kathedrale von Chartres. Die Fensterwand dient ebenso wie die ganze Kathedrale der Verherrlichung von „Notre Dame". In den Lanzettfenstern flankieren Könige und Priester des Alten Testaments die heilige Mutter Anna mit Maria, die dann selbst, umgeben von Prophetenbildern und Engeln, die Mitte des Rosenfensters einnimmt. Das Fenster, auch „Rose von Frankreich" genannt, wurde von Ludwig IX. dem Heiligen (1215–1270) und seiner Mutter Blanka von Kastilien gestiftet, deren Embleme, goldene Lilien und die Burg auf rotem Grund, in den kleinen Lanzettfenstern erscheinen.

Westfassade der Kathedrale von Reims; die Portale entstanden 1231–55, die 81,5 m hohen Türme waren um 1480 vollendet.

Notre-Dame von Paris von Süden. Baubeginn 1163 am Chor, Vollendung des Landhauses um 1200, der Westfassade und der Türme 1220–1250.

Reiterstatue der Jungfrau von Orléans auf der Place des Pyramides in Paris; Bronze von Frémiet, vergoldet.

Die Kathedrale Ste-Croix von Orléans wurde im 12. Jh. begonnen, der Gesamtbau (außer dem Chor) stammt jedoch aus dem 17./18. Jh.

Schloß Chambord an der Loire, 1515 bis um 1550 als Residenz für König Franz I. erbaut.

Spiegelsaal des Schlosses Versailles bei Paris, erbaut 1661–1684 für Ludwig XIV. von J. Hardouin-Mansart, Dekoration von Charles Lebrun.

Der Eiffelturm in Paris. Die 300 m hohe Eisenkonstruktion wurde 1887–1889 von dem Ingenieur G. Eiffel (1832–1923) erbaut und ist eines der Wahrzeichen der Seinestadt.

Der Arc de Triomphe in Paris liegt im Schnittpunkt von zwölf großen Straßen, von denen die Avenue de Champs-Élysées die bekannteste ist. Das Monument wurde 1806–1836 nach Plänen des Architekten Chalgrin als Ehrenmal der napoleonischen Armeen errichtet, heute auch Denkmal des Unbekannten Soldaten. Höhe 49,5 m, Breite 44,8 m, Höhe des Bogens 29 m.

Die Marseillaise (der Auszug der Freiwilligen von 1792). Plastik (1832–1836) von F. Rude am Arc de Triomphe.

Der Sarkophag Napoleons I. im Invalidendom zu Paris. Die Kirche wurde seit 1677 von J. Hardouin-Mansart erbaut.

Die Basilika Sacré-Cœur auf dem Montmartre, erbaut seit 1873 aufgrund eines Gelübdes aus dem Krieg 1870/71.

Christus in der Mandorla. Relief am Chorumgang der Kirche St-Sernin in Toulouse (11./12. Jh.), der größten romanischen Kirche Frankreichs.

Die gotische Kathedrale von Albi wirkt in dem monumentalen Außenbau wie eine Wehrkirche. Der einschiffige Innenraum ist einmalig in der französischen Kathedralkunst.

Die Benediktinerabteikirche St.-Étienne in Caen wurde 1077 geweiht. Der vieltürmige romanische Bau leitet über zur französischen Kathedralgotik.

Grabmal der Margarete von Österreich (1480–1530) in der Kirche von Brou. Margarete, die Gemahlin Philiberts des Schönen, Grafen von Bresse und Sohn Herzog Philipps von Savoyen, stiftete Kirche und Kloster 1504 nach dem frühen Tod ihres Mannes. Zwar widmete sich Margarete, die Tochter Kaiser Maximilians und Marias von Burgund, nach dem Tod Philiberts ganz der Politik, übernimmt die Regentschaft der Niederlande und der Freigrafschaft Burgund, leitet die Erziehung des späteren Kaisers Karls V., doch bleibt die Errichtung der Grabkirche für den geliebten Gatten ein wichtiges Anliegen dieser kunstsinnigen Renaissancefürstin.

Innenraum der Kathedrale Notre-Dame in Laon (1160 bis nach 1235). Hier vollzieht sich die Wende von der Romanik zur Gotik.

Nicolas Rollin, Kanzler der Herzöge von Burgund. Stifterbild von Rogier van der Weyden. – Beaune, Hôtel-Dieu.

Benediktinerabtei und Kirche Mont-St-Michel auf einer Insel vor der bretonischen Kanalküste. Kirche und Kloster 11.–13. Jh., Chor der Kirche 15.–16. Jh.

Innenhof des von Kanzler Nicolas Rollin 1443 gegründeten Hôtel-Dieu, eines noch heute existierenden Krankenhauses, in dessen altem Teil die Einrichtung aus der gotischen Gründerzeit zu besichtigen ist.

Innenraum der oberen Kapelle der Sainte-Chapelle, der Hofkirche König Ludwigs IX.; die 1246–1248 erbaute doppelgeschossige Kirche liegt auf der Ile-de-la-Cité von Paris im Baukomplex des heutigen Palais de Justice. Die fünfzehn Fenster (Höhe 15,40 m) mit über 1000 Szenen aus dem Alten und Neuen Testament und der Legende des heiligen Kreuzes sind Meisterwerke französischer Glasfensterkunst.

Westfassade mit Fensterrose des Straßburger Münsters (seit 1276) nach Entwurf des Meisters Erwin von Steinbach. Das 1015 noch romanisch begonnene Münster wurde von 1200–1276 im gotischen Stil, in dem sich deutsche und französische Formen mischen, errichtet. Von den im Entwurf geplanten zwei Westtürmen ist nur der 142 m hohe nördliche Turm vollendet.

Kirche und Kalvarienberg von Guilmiau in der Bretagne, eine für diese Region charakteristische, von bäuerlicher Frömmigkeit geprägte Form der Darstellung der Passion Christi, die im 16. Jh. entstand.

ENGLAND – SPANIEN – PORTUGAL

Das Steinkreissystem von Stonehenge bei Salisbury gehört zu den größten und besterhaltenen Zeugnissen der frühbronzezeitlichen Megalithkultur (um 1700 v. Chr.). Innerhalb eines von einem Erdwall umgebenen Kreises (Durchmesser 90 m) sind um einen Opferstein zwei Steinkreise (Durchmesser 32 m und 27 m) aus Steinpfeilern mit Deckplatten angeordnet. Ob die Kultstätte dem Sonnen- oder Totenkult diente, ist nicht eindeutig zu beweisen.

Die Schlacht zwischen Normannen und Sachsen. Szene aus dem Teppich von Bayeux.

König Harold von England wird tödlich verwundet. Szene aus dem Teppich von Bayeux.

Überfahrt des normannischen Heeres über den Kanal nach England. Szene aus dem 70 m langen Teppich von Bayeux, auf dem die Eroberung Englands durch die Normannen unter Wilhelm dem Eroberer und die Schlacht bei Hastings 1066 geschildert werden. Stickerei auf Leinen aus dem 11. Jh. – Bayeux, Museum.

Die normannischen Reiter in der Schlacht bei Hastings. Szene aus dem Teppich von Bayeux.

Die Kathedrale von Salisbury, erbaut 1220–1258 in der von der normannischen Kunst bestimmten Frühgotik. Der 122 m hohe Vierungsturm (um 1320) ist der höchste Turm Englands.

Fassade der von Eduard dem Bekenner 1065 gegründeten, 1245–1269 in gotischem Stil vollendeten Westminsterabtei, der Krönings- und bis 1760 auch Grabkirche der englischen Könige.

Der Buckingham-Palast, erbaut ab 1703 von J. Nash; seit 1837 Residenz der englischen Könige. Im Vordergrund das 1911 errichtete Denkmal für Königin Victoria.

Die Towerbridge über die Themse, erbaut 1886–1894.

Hof des 1324 gegründeten Oriel Colleges in Oxford.

Der Uhrenturm des Parlaments, genannt „Big Ben", das Wahrzeichen Londons. Durchmesser des Zifferblattes über 7 m.

Statue König Edwards III. († 1377), über dem Portal des Trinity Colleges in Cambridge.

Das Parlamentsgebäude an der Themse, erbaut 1840–1852 von Sir Charles Barry in neugotischem Stil. An dieser Stelle tagt seit über 700 Jahren das englische Parlament. Der höchste Turm, Victoria Tower, ist 103 m hoch.

Die Imperial State Crown, 1838 für Königin Victoria aus über 3000 Edelsteinen angefertigt. – London, White Tower (Her Majesty's Stationery Office).

Die „Victory", Nelsons Flaggschiff in der Seeschlacht von Trafalgar 1805 gegen eine Flotte Napoleons.

Innenraum der Kathedrale von Oxford, Englands ältester Universitätsstadt, in englischer Spätgotik.

Das Nelson-Denkmal auf dem Trafalgar Square, errichtet 1840.

Denkmal mit Büste William Shakespeares in der Dreifaltigkeitskirche von Stratford-on-Avon.

Spanische Landschaft in Andalusien mit Oliven und Orangenbäumen.

Ein Soldat der Horse Guard, der königlichen Leibgarde.

Blick über die römische Brücke auf die neue Kathedrale (1513–1733) der Universitätsstadt Salamanca mit 110 m hohem Turm.

Die 12 m hohen, mit 88 Türmen befestigten Stadtmauern von Ávila stammen aus dem 12. Jh. und umschließen in einer Länge von 2400 m die Altstadt.

Die „Torre del Oro" am Ufer des Guadalquivir in Sevilla wurde um 1220 von den Mauren errichtet. Im Hintergrund das Wahrzeichen der Stadt, die „Giralda", der Turm (1184–1196) der in eine Kathedrale verwandelten alten maurischen Moschee.

Die Moschee von Córdoba wurde 784–1001 in vier Bauperioden errichtet; über 850 Granitsäulen tragen die teilweise doppelten Arkaden. 1236 wurde die Moschee in eine Kirche verwandelt und später zur Kathedrale erweitert.

Blick in den Löwenhof (seit 1377) der Alhambra von Granada, der Residenz der arabischen Nasridenherrscher. Mit der Eroberung der Stadt 1492 durch Ferdinand von Aragón fiel die letzte Bastion der Mauren in Spanien.

Fassade der Escuelas mayores (Universität, um 1530–1540) in Salamanca mit dem Medaillon der Reyes católicos Ferdinand und Isabella; ein Meisterwerk des Platereskenstils.

Die Särge Ferdinands von Aragón († 1516) und Isabellas von Kastilien († 1504) in der Krypta der Kathedrale von Granada.

Denkmal des Christoph Kolumbus auf der Plaza de la Puerta de la Paz in Barcelona, errichtet 1882–1886 auf einer 60 m hohen Säule.

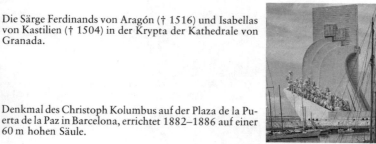
El Greco: Begräbnis des Grafen Orgáz, Altargemälde (1586) in der Kirche Sto. Tomé in Toledo.

Blick über den Tajo auf Toledo, links die Kathedrale, rechts der Alcázar. Toledo war von 579 bis zum Einfall der Araber (709) Residenz der westgotischen Könige, nach der Rückeroberung bis 1597 Hauptstadt des Königreichs Kastilien.

Kirche und Kloster S. Lorenzo el Real im Escorial. Erbaut aufgrund eines Gelöbnisses König Philipps II. 1563–1584 durch Juan de Herrera. Die gewaltige Anlage, die Philipp II. auch als Regierungssitz diente, umschließt zwei große und zehn kleine Höfe; Außenmaße 206 × 161 m; ein Hauptwerk des Desornamentado-Stils der spanischen Renaissance.

Denkmal des Dichters Cervantes mit den Bronzefiguren seines Don Quichote und Sancho Pansa auf der Plaza España in Madrid, errichtet 1927.

Spanische Windmühlen.

Westfassade (1738–1750) der Kathedrale von Santiago de Compostela. Die im Kern romanische Kirche (1078 ff.) erhebt sich über dem Grab des Apostels Jakobus, des spanischen Nationalheiligen, in der Krypta.

Portugiesische Algarve-Küste bei Portimão.

Denkmal für Heinrich den Seefahrer (1394–1460) im Hafen von Lissabon. Der portugiesische Königssohn gilt als Begründer der Seemacht Portugal.

Die Klosterkirche Sta. María da Vitoria von Batalha, begonnen 1388, um 1500 in den üppigen Zierformen des Manuelstils, der portugiesischen Spätgotik, vollendet. Portugiesisches Nationaldenkmal mit Gräbern der Könige Portugals.

Der Turm von Belém am Ufer der Mündung des Tejo in den Atlantik wurde von F. de Arruda im 16. Jh. errichtet. Er gehört zum Komplex des Klosters Belém, in dem u.a. der große Entdecker Vasco da Gama begraben ist.

DEUTSCHLAND

Steinfigur (1404) des „Roland" vor dem Rathaus von Bremen.

Mittelschiff des fünfschiffigen Doms St. Viktor (1263–1529) in Xanten.

Innenraum der ehemaligen Benediktinerkirche Zwiefalten, erbaut 1739/65 von J. M. Fischer.

Gipfelkreuz auf Deutschlands höchstem Berg, der Zugspitze (2963 m).

Mainbrücke und Festung Marienberg oberhalb von Würzburg; von 1253–1719 Residenz der Fürstbischöfe; heute Mainfränkisches Museum mit Werken Tilman Riemenschneiders.

Fischerhafen Neuharlingersiel in Ostfriesland.

Das Rathaus von Duderstadt (begonnen 1240) ist eines der ältesten Rathäuser Deutschlands.

Der Kaiserdom zu Bamberg, begonnen 1003 unter Kaiser Heinrich II., Neuweihe nach zwei Bränden 1237. Im Inneren Meisterwerke romanischer Plastik.

Blick auf das Rathaus von Augsburg; erbaut 1615/20 von Elias Holl, ein Hauptwerk der deutschen Renaissance.

Straßenbild am „Plönlein" beim Kobolzeller Tor in Rothenburg ob der Tauber.

Das Holstentor (1477) von Lübeck, Wahrzeichen der alten Hansestadt; links die Türme der Marienkirche.

Westfälische Wasserburg Vischering im Münsterland.

Blick über die zweitürmige Abdinghofkirche (11. Jh.) auf den Turm des romanisch-gotischen Doms (12./14. Jh.) von Paderborn.

Innenhof von Schloß Weilburg (16./18. Jh.), Stammschloß der Herzöge von Hessen-Nassau.

Fachwerkbau des romantischen Hotels „Schwanen" in Östrich am Rhein, rechts der Turm der Martinskirche (1292).

Der Rhein mit Burg Gutenfels (13. Jh.) und der „Pfalz" bei Kaub (Zollburg, 14. Jh.); hier überschritt 1813/14 in der Neujahrsnacht Blüchers Armee den Rhein.

NIEDERLANDE – BELGIEN – SCHWEIZ

Windmühle auf einem Deich bei Veere auf der Insel Walcheren.

Das Südhafentor (15. Jh.) von Zierikzee auf der Insel Schouwen Duiveland an der Oster-Schelde.

Willem van de Velde (1622–1707): Schiffe vor Amsterdam. – Amsterdam, Rijksmuseum.

Käselagerhäuser (18. Jh.) am Voorhaven von Edam.

Die Westerkerk an der Keizersgracht in Amsterdam, erbaut 1620–1638 von H. de Keyser.

Die Fleischhalle in Haarlem, erbaut 1602/03 von Lieven de Key.

Der Binnenhof des ehemaligen Grafenschlosses von Den Haag mit dem Haus des Parlaments.

Ossip Zadkine: Die zerstörte Stadt. Bronze 1953, Höhe 650 cm. Rotterdam.

Blick auf den Turm (1382) des Doms von Utrecht.

Im Containerhafen von Rotterdam.

D. Velázquez: Die Übergabe von Breda (1635/36). – Madrid, Prado.

Der Marktplatz von Brüssel mit dem gotischen Rathaus (Anfang 15. Jh.) und barocken Patrizierhäusern.

Das Atomium, Wahrzeichen der Brüsseler Weltausstellung von 1958.

Apostel Petrus, Pfeilerfigur (um 1200) in der Kathedrale von Chur.

Die Liebfrauenkirche (1230–1250) zu Damme.

Der Stockalperpalast in Brig (Wallis), erbaut 1641–1647 durch Kasper v. Stockalper im Renaissancestil.

Beginenhäuser St. Elisabeth in Brügge, gegründet im 13. Jh.

Blick über die Dächer der Berner Altstadt auf das Münster St. Vinzenz (15. Jh.).

Zunfthäuser (16./17. Jh.) an der Graslei in Gent.

Die wichtigste Paßstraße über die Alpen auf Schweizer Gebiet führt über den inzwischen auch untertunnelten St. Gotthard (Paßhöhe 2112 m) vom Kanton Uri in den Kanton Tessin. Unser Bild zeigt die Straße auf der Südseite des Passes.

Die Galluspforte an der Südseite des Basler Münsters (11. Jh.).

Die Schlacht bei Sempach 1386 brachte den Schweizer Kantonen nicht zuletzt durch den Opfertod Winkelrieds einen wichtigen Sieg über Österreich. Gemälde (um 1600) eines unbekannten Meisters. – Luzern, Staatsarchiv.

Saal der Stiftsbibliothek St. Gallen, entstanden im 18. Jh., als die romanische Klosteranlage durch den Barockneubau von P. Thumb, C. Moosbrugger und J. M. Beer ersetzt wurde.

Lebensgroße Steinstatue Kaiser Karls des Großen in der Kirche St. Johann in Müstair (Graubünden); entstanden vielleicht schon zu Lebzeiten des Kaisers, sonst zwischen 1166–1170.

Blick über die Limmat auf Zunfthäuser und das romanisch-gotische Frauenmünster (gegründet 853, heutiger Bau 12./13. Jh.) von Zürich.

Die Kirche St. Johann in Müstair, der Tradition nach eine Stiftung Karls des Großen; die Kirche vom Typ der karolingischen Dreiapsidenkirchen besitzt im Inneren den größten Bilderzyklus aus karolingischer Zeit (um 800) in Europa.

Blick auf den Völkerbundspalast (1930) von Genf.

NORWEGEN – SCHWEDEN – DÄNEMARK

Charakteristisch für die Küste Norwegens sind die oft hundert und mehr Kilometer ins Land reichenden Fjorde. Hier der Eidfjord, ein Seitenarm des Hardangerfjords südlich von Bergen.

Wikingerschiffe, Felszeichnung der Bronzezeit (um 1000 v. Chr.) bei Borge (Begby).

Die Stabkirche von Borgund, eine der ältesten Kirchen dieses ganz aus Holz erbauten, für die Kunst Norwegens charakteristischen Architekturstils (um 1150).

Die norwegischen Stabkirchen waren vor allem an den Portalen reich mit Schnitzwerk geschmückt, das sich vom Ornamentalen (Kirche von Urnes) zum Figürlichen entwickelte und auch Szenen der nordischen Sagas darstellte, wie hier eine Szene aus der Sigurdsaga von der Stabkirche in Selesdal zeigt. – Oslo, Historisches Museum.

Altartafel (14. Jh.) mit Szenen aus dem Leben König Olafs des Heiligen (995–1030) im Nidaros-Dom von Trondheim.

Blick über den Fluß Nidelva auf Kaufmannshäuser und den Vierungsturm des Nidaros-Doms von Trondheim. Der Dom, die bedeutendste Kirche Skandinaviens, entstand aus einer Kapelle über dem Grab König Olafs. Der Bau wurde 1075 begonnen und im gotischen Stil vollendet. Der Dom ist die Krönungskirche der Könige von Norwegen.

Der Rosenkrantztarnet, ein Turm im Bereich der alten Königsfestung von Bergen, wurde um 1562 erbaut, als die Hanse, die seit 1350 Bergen als wichtigen Stapelplatz besetzt hielt, ihren beherrschenden Einfluß mehr und mehr verlor. Bergen ist heute die zweitgrößte Stadt Norwegens.

Die Stadt Ålesund liegt auf zwei Inseln am Eingang des Storfjords. Sie ist ein wichtiges Zentrum der norwegischen Fischereiindustrie.

Oslo wurde um 1050 gegründet, führte 1624–1925 den Namen Christiania in Erinnerung an König Christian IV. von Dänemark und Norwegen, der die Stadt nach einem vernichtenden Brand wieder aufbaute. Wahrzeichen Oslos, seit 1814 Landeshauptstadt, ist das Rathaus aus roten Klinkern (1931–1950).

Fjell am Breidalsvarn, Bezirk Oppland.

Bildstein mit Darstellung eines Wikingerschiffs, darüber der Gott Odin auf seinem achtfüßigen Pferd Sleipnir. – Stockholm, Nationalmuseum.

Die Domkirche der südschwedischen Universitätsstadt Lund mit großer Säulenkrypta ist die schönste romanische Kirche (1080–1145) Schwedens.

Thronender Christus, Mittelteil eines aus Gotland stammenden goldenen Altarantependiums (12. Jh.). – Stockholm, Nationalmuseum.

Schloß Kalmar (12.–16. Jh.) am Kalmar-Sund gegenüber der Insel Öland war Tagungsort vieler schwedischer Reichstage.

Innenraum der Klosterkirche Vadstena (1430) am Vätternsee.

Bauernhof auf der Insel Seeland.

Das königliche Schloß von Stockholm auf der Insel Stadenholmen, erbaut 1754 von Nicodemus Tessin d. J.

Westfassade des Doms von Roskilde (Ende 12. Jh.), der Grabkirche der dänischen Könige. Roskilde war bis 1445 Hauptstadt des Landes.

Die Insel Riddarholmen mit der Riddarholm-Kirche (1280 ff.), der Grabkirche der schwedischen Könige.

Innenraum der Schloßkirche Frederiksborg, Blick zur Orgel. Erbaut unter König Christian IV. 1602–1620 in niederländisch beeinflußter Renaissance.

Zimmer der Dichterin Selma Lagerlöf (1858–1940) auf dem Gut Marbacka. Auf dem Tisch die Urkunde des Literatur-Nobelpreises, der ihr 1909 verliehen wurde.

Die Börse von Kopenhagen, erbaut 1619–1640 auf Veranlassung König Christians IV. durch H. van Steenwinkel in niederländischer Renaissance. Das Gebäude ist 126 m lang, der Turm 54 m hoch.

Der Sonnenwagen von Trundholm, gefunden 1902 beim Pflügen im Moor von Trundholm auf Seeland. Bronze, die Sonnenscheibe mit Gold belegt (1400–1200 v. Chr.), Länge 60 cm. – Kopenhagen, Nationalmuseum.

Hans Christian Andersen liest Märchen vor. Ausschnitt aus einem Gemälde von E. Jerichau-Baumann (1862). – Odense, Andersen-Museum.

Keltische Gottheit, Detail vom Silberkessel von Gundestrup, gefunden bei Aars auf Jütland. Keltische Arbeit (um 100 v. Chr.) aus dem Gebiet der Save. Höhe des Kessels 70 cm, Gewicht 8885 g. – Kopenhagen, Nationalmuseum.

Die kleine Meerjungfrau. Statue von E. Eriksen im Hafen von Kopenhagen.

DIE OSTLÄNDER

Stammbaum der Babenberger, die seit 976 Markgrafen der bayerischen Ostmark und seit 1156 Herzöge von Österreich waren. Der letzte Babenberger, Herzog Friedrich II. der Streitbare, fiel 1246 im Kampf gegen die Ungarn. Die 1489–1493 in Niederösterreich gemalte Tafel zeigt Miglieder der Babenberger und Szenen aus ihrem Leben in Medaillons. – Stift Klosterneuburg.

Blick auf Salzburg mit dem Barockdom (1614–1628), der Kollegienkirche (1694–1707) und der Feste Hohensalzburg (seit 1077) über der Stadt (Schmidt).

Schloß Tirol bei Meran, die Stammburg der Grafen von Tirol (11. Jh.).

Statue des hl. Wenzel (um 907–929), Herzogs von Böhmen, der das Christentum im Land zu festigen suchte; seit dem 10. Jh. als Heiliger verehrt. Steinplastik (1373) von Peter Parler in der Wenzelskapelle des Prager Doms.

Prinz Eugen, Reiterstatuette. – Wien, Heeresgeschichtliches Museum.

Blick auf die gotische Teynkirche (14. Jh.).

König Johann Sobieski von Polen in der Entsatzschlacht gegen die Türken vor Wien 1683. – Wien, Heeresgeschichtliches Museum.

Der tschechische Reformator Johannes Hus wird 1415 während des Konstanzer Konzils als Irrlehrer verbrannt und seine Asche in den Rhein gestreut. Kolorierte Federzeichnung aus der Chronik des Ulrich Richental († 1437) über das Konstanzer Konzil (1414–1418). – Konstanz, Rosgartenmuseum.

Der Stephansdom, Wahrzeichen der Stadt Wien; erbaut 1263–1446 in mehreren Bauphasen. Der 136 m hohe Südturm wurde 1433 vollendet.

Kaiser Otto II. übergibt Adalbert den Bischofsstab. Detail von den Bronzetüren (12. Jh.) des Gnesener Doms (Foto Marburg).

Die große Galerie in Schloß Schönbrunn, nach Entwürfen von Nikolaus Pacassi (um 1760) mit Deckengemälden von Gregorio Guglielmi (1761).

Die 120 m langen Tuchlauben am Ringplatz zu Krakau sind ein sichtbares Zeichen für die Bedeutung der Stadt im Ost-West-Handel. Krakau, das 1241 deutsch besiedelt wurde, war von 1320–1609 Residenz der polnischen Könige (Almasy).

Blick über die Donau auf das Benediktinerstift Melk; erbaut 1702–1736 nach Plänen von Jakob Prandtauer.

Blick auf das neuerbaute Warschau; links der Turm des von der Sowjetunion erbauten „Palastes der Kultur und Wissenschaft" (Almasy).

Kaiser Karl IV. (1316–1378), Büste von Peter Parler im St.-Veits-Dom zu Prag.

Gartenfront von Schloß Peterhof in Leningrad (Krammisch).

Blick über die Moldau auf die Karlsbrücke (1357), den Hradschin (9. Jh., Ausbau seit 1333, heute Sitz des Staatspräsidenten) und den seit 1344 von Peter Parler und Matthias von Arras auf Veranlassung Karls IV. erbauten gotischen St.-Veits-Dom.

Die Basiliuskathedrale am Roten Platz in Moskau wurde 1555–1560 unter Zar Iwan dem Schrecklichen errichtet. In dem Bau mischen sich byzantinische Tradition mit Formen russischer Holzbauarchitektur zu einem märchenhaften Stil (Krammisch).